마음활동 집단상담 프로그램

어울림, 뻔뻔학애

채선기 저

학지사

머리말

2013년에 EBS 〈다큐프라임〉 '교육혁명 15세에 주목하라'를 찍고 난 후 청소년들을 위하는 것이 무엇인가에 대해 진지하게 고민했다. 그 고민의 산물로 탄생한 것이 초기 청소년들을 위한 '십오통활(十五通活) 집단상담 프로그램'이었다. 십오통활 집단상담 프로그램은 청소년들의 자아정체감 형성 및 건강한 청소년성(youth spirit) 확립이라는 목표하에 구조화된 프로그램이다. 지금까지 정말 많은 청소년이 십오통활 프로그램을 접하고 자아정체감을 형성하는 데 도움을 받았다. 옆을 돌아볼 겨를도 없이 앞만 보고 달려왔던 시절, 문득문득 궁금해지는 점이 있었다. 십오통활 프로그램을 개발할 당시만 해도 연구진은 초기 청소년들을 대상으로 어떻게 하면 정체감 형성을 조금이라도 느끼도록 도와줄 수 있을까를 고민했다. 그러던 중 프로그램을 배우려 참여한 어른들이 더 많이 느끼고, 초기 청소년들보다는 후기 청소년들이 더 많은 것을 얻어 가고, 이미 사춘기가 지나고 성인의 길목에 있는 대학생들과 직장인들이 더 많은 것을 얻어 가는 모습을 보면서 십오통활 프로그램이 가지고 있는 힘이 무엇인가에 대해 생각하지 않을 수 없었다. 입소문을 타고 정말 많은 학교와 기관에서 프로그램에 대한 의뢰가 쇄도했다. 더 많은 지도자를 양성해야 했다. 그러던 중 깨달은 바가 있다. 십오통활 프로그램은 그 핵심인 통과의식을 잘할 수 있는 사람들이 정해져 있다는 것을 말이다. 또다시 혼돈에 빠졌다. 더 이상 지도자 양성과정을 통해 집단상담 전문가를 양성하기가 어려웠다. 그럼에도 불구하고 청소년들은 여전히 프로그램을 통해 많은 것을 느꼈고 도움이 되었다고 보고했다.

현재 우리나라에서 배우고 익히는 상담의 실습이라는 모든 현상과 장면은 매우 정적이다. 상담은 조용하고 아늑한 공간에서 둘만의 마음을 주고받는 것이어야 한다는 고정관념을 깰 필요가 있었다. 발달 과정상 청소년기를 '제2의 뇌 리모델링 시기'라고 명명하기도 한다. 이러한 청소년들의 뇌 리모델링에 직접적이고 효과적이고 효율적인 프로그램 개발이 시급했다. 일반 성인도 그러하겠지만, 대부분의 청소년은 정적이고 고요한 상담실 분위기를 어색하고 지루하고 따분하게 느끼곤 한다. 그들에게 어떻게 하면 활동(活動)을 통해 감정을 느끼게 할 수 있는지 활동중심 프로그램 개발이 필요했다. 그것은 십오통활 집단상담 프로그램을 진행하면서도 느껴 왔던 바이다. 정말 많은 청소년이 통과의식을 통해 자신을 찾아 가고 느끼고 깨달은 바가 컸지만, 한편으로는 활동을 통해 친구들과 어울리고 함께하는 것에 상당한 동기부여가 되었던 것도 사실이었다.

그러던 중 코로나19가 우리 앞에 닥쳐왔다. 모든 세상이 그냥 멈춰 버린 느낌이었다. 1950년 6 · 25 전쟁 당시에도 문을 닫지 않았던 학교들이 코로나 팬데믹 현상 앞에서 속수무책으로 문을 닫기 바빴다. 선진국으로 진입하는 단계에 있던 우리나라에서는 안 그래도 개인주의 현상이 곳곳에서 일어나고 있어 대인관계 문제가 여러 방면에서 나타나고 있었는데, 코로나 팬데믹 현상이 사람 간의 접촉을 철저하게 막음으로써 사람들은 더 큰 소외감과 외로움을 느끼게 되었다. 어렵게 문을 연 학교에서는 친구들 간의 대화를 금지했고, 우리 모두는 마스크로 코와 입을 가리느라 얼굴의 반 이상을 가리게 되었다. 사람 사이에 가장 기본이라 할 수 있는 만남 자체를 막아 버렸다. 이렇다 보니 청소년들의 심리와 정신건강이 매우 걱정되었다. 뇌의 리모델링 기간으로 최대한 자극을 많이 주어 공감 기능을 담당하는 편도체와 감정 조절을 담당하는 전전두엽이 발달하게 하는 것이 청소년 상담의 주라고 생각하고 있었는데, 사회적 거리 두기와 마스크 착용으로 인해 만남 자체를 금기시하는 경향은 청소년들의 대인관계에 많은 문제를 야기할 것으로 보였다. 청소년들이 대인관계를 향상시키고 감정을 알아차릴 수 있는, 청소년들이 가장 좋아할 만한 활동중심 프로그램인 마음활동 어울림 프로그램의 개발이 시급했다.

'어울림 프로그램'은 청소년들의 대인관계 향상에 초점을 맞춘 집단상담 프로그램으로 구성되어 있다. 크게는 '신체활동'과 '마음활동'으로 나뉘며, '신체활동'은 '관심' '배려' '협동'으로, 마음활동은 '감정' '소통' '격려'로 총 여섯 가지 파트로 구성되어 있다. 청소년들은 발달 과정상 정적인 활동보다는 동적인 활동을 더 선호하는 경향이 있다. 그래서 청소년집단상담 프로그램은 활동적인 요소를 많이 활용하여야 하는데, 이 프로그램은 활동에 좀 더 초점을 맞춘 '신체활동'과 감정에 초점을 맞춘 '마음활동'으로 이름을 명명하여 청소년들이 대인관계를 잘 맺을 수 있도록 도울 예정이다. 청소년들은 집단 활동을 통해 모든 대인관계의 시작은 타인에 대한 관심과 배려에서 출발하는 것임을, 협동은 타인과 내가 하나가 되어 가는 과정임을 몸으로 익히게 된다. 몸으로 충분히 대인관계에 대해 알게 된 청소년들은 좀 더 깊이 있는 대화를 위한 감정과 소통에 대해 구체적인 방법을 익히게 되며, 서로에 대한 격려로 프로그램 과정을 마치게 된다. 이런 과정을 통해 진정한 친구란 누구인가를 자연스럽게 체득하게 되고, 친구와의 대화는 어떻게 하는 것이 유용한 것인가 하는 물음에 대한 답변과 자신의 감정이 중요하듯 타인의 감정 또한 중요하다는 사실을 깨닫는 과정을 알아간다.

'뻔뻔학애 프로그램'은 청소년들의 학습동기강화와 진로탐색에 초점을 맞춘 집단상담 프로그램으로 구성되어 있다. 크게는 '동기부여' '자기이해' '의사결정'의 세 파트와 열 가지의 주제로 나뉘어져 있다. 청소년들에게 학습은 매우 중요하다. 하지만 그렇게 중요한 학습에 대해 우리는 학생들에게 공부하는 법만 가르쳐 왔을 뿐, 왜 공부해야 하는지에 대한 이유를 명확하게 안내해 준 적이 많지 않다. 이에 본 연구진은 학습에서 가장 중요시되는 동기부여에 많은 시간을 할애하여 배치했다. 많은 상담프로그램이 그러하듯이, 마음활동 집단상담의 '뺀뺀학애 프로그램' 또한 궁극적으로는 학습과 진로를 제대로 알아 가기 위해 자기이해에서부터 출발한다. 학습과 진로에 대한 자기이해를 위해 '성격' '흥미' '적성' '가치' '추천'이라는 주제를 집단상담의 방식으로 익히고, 최종적으로 자신의 학습과 진로에 대한 의사결정 파트에서 결정, 계획, 실행할 수 있게 돕는다. 그리하여 공부를 왜 하는가에 대한 답과 자신의 진로에 대한 좀 더 깊이 있는 탐색과정을 제공하여 청소년들에게 학습과 진로에 대한 생각을 한 단계 높여주고 싶다.

우리는 여전히 코로나 팬데믹으로 인한 후유증을 겪고 있다. 나의 가족, 친구, 이웃과 더불어 살아가는 법을 이 집단상담 프로그램을 통해 알아 갔으면 좋겠다. 그리하여 청소년 발달에서 가장 중요한 친구관계 향상을 위한 '어울림 프로그램'과 학습동기를 강화하기 위한 '뺀뺀학애 프로그램'은 청소년들의 자아정체감 형성 및 대인관계 향상, 학습동기강화, 진로탐색에 도움을 줄 것으로 기대한다. 이런 불안한 상황에서 '어울림 프로그램'이 청소년들의 정신건강과 대인관계 향상에 조금이나마 도움이 되기를 바란다. 아울러 '뺀뺀학애 프로그램'을 통해 청소년들이 진정한 꿈과 비전을 찾을 수 있기를 바란다.

2023년 8월

저자 채선기

차례

활동중심 집단상담 프로그램의 이해

인간은 전 생애에 걸쳐 타인과 관계를 맺으며 살아가는 사회적 동물이므로, 우리가 누군가와 관계를 맺지 않고 혼자 살아간다는 것은 쉬운 일이 아니다. 이처럼 인간의 삶에 큰 비중을 차지하는 것이 대인관계라고 할 수 있으며, 청소년기는 타인과 타인의 관점을 고려할 수 있는 능력인 조망수용능력이 발달하는 시기이다.

최근에는 청소년들의 대인관계 부적응 문제가 많이 일어나고 있는 편이다. 청소년상담복지센터(여성가족부, 2018)에 찾아오는 청소년들의 상담 주제를 보면, 대인관계(23.4%), 진로 및 학업 문제(20.4%), 우울 및 불안과 같은 정신건강(11.9%), 비행 및 일탈(11.3%), 컴퓨터 과다사용(8.7%) 순으로 나타났다. 또한 2018년도 통계청의 청소년통계에서 '중학생의 상담지원 현황'을 살펴보면, 대인관계가 상담 주제에서 1위를 차지했다. 이처럼 청소년기 중에서 중학생 시기는 대인관계가 부모나 가족 중심에서 벗어나 동성 및 이성 친구 중심으로 변화되는 시기이므로, 이때의 관계 경험은 개인의 전반적인 삶에 지대한 영향을 미친다.

주지하다시피 청소년기에 형성하는 대인관계는 자아정체감 형성 및 인격 발달에 영향을 미친다. 이에 청소년기의 적응적인 대인관계는 관계의 친밀감을 경험할 수 있게 돕고, 긍정적 자아상 확립 및 적응적인 학교생활에 기여할 수 있다. 반면, 원만하지 못한 대인관계는 다른 또래친구와 친밀감을 형성하지 못하고 현실적인 대인관계에 대한 경험 및 관계 지속에 어려움을 야기한다. 또한 청소년기의 부적절한 대인관계는 자신감 저하, 열등감 및 좌절감, 부모와의 갈등, 학업부진, 장기적 학습장애, 행동 문제, 우울 증상, 자살 등의 부적응을 초래할 수 있다. 게다가 청소년들은 상대방을 이해하고 배려하는 능력이 미숙하므로, 대인관계에서 어려움 및 갈등을 경험할 가능성이 높다. 또한 대인관계 문제는 추후 성인으로서의 사회 적응에 어려움을 초래하게 된다.

이 외에 관련 선행연구에 따르면 대인관계 스트레스가 불안 및 신체화 증상, 학교생활 부적응, 자살 생각, 우울 증상, 외현화 및 내재화 문제행동, 사회적 유능감, 학업수행 등 다양한 영역에서 문제가 되며, 청소년의 정신건강을 심각하게 해친다. 따라서 이 시기의 대인관계는 개인의 삶에 전반적인 영향을 주기 때문에 대인관계를 증진할 수 있는 상담개입이 필요하다.

청소년 집단상담에서 필수적인 신체활동이 포함된 집단활동들을 위주로 구성하였다. 신체활동은 비언어적인 의사소통 능력 습득뿐만 아니라 신체적 · 정서적 발달을 돕고 다소 지루할 수 있는 집단상담 과정을 청소년들이 흥미롭게 경험할 수 있도록 도울 것이다. 따라서 중학생들의 발달적 특성을 고려하여 대인관계 증진을 위한 활동중심의 '마음활동' 프로그램을 개발하였다. 마음활동 프로그램의 개발 및 효과성 검증 연구를 통해 중학생들이 대인관계 증진을 넘어 전반적인 학교생활에 안정적으로 적응하게 하며, 다양한 문제행동의 예방 및 치료에 대안을 마련할 것으로 기대한다.

활동중심 집단상담 프로그램

신체활동이란 인간으로서 건강한 삶을 살아가기 위한 종합적인 행동으로, 근육활동과 에너지를 소비하는 육체적 활동 등 모든 움직임을 말한다. 현재 신체활동은 신체의 움직임에 국한된 개념이 아니라 지적, 심리적, 정서적, 사회적 요소를 포함한 폭넓은 의미를 가지고 있다.

특히 중학생 시기는 아동기에서 벗어나 성인으로 진입하는 과도기로, 이와 같은 신체활동을 통한 신체적 · 정서적 · 인지적 성장이 매우 중요한 시기이다. 왜냐하면 많은 중학생이 의사전달의 구체적 수단으로 언어보다 신체적 동작을 더욱 자주 사용하기 때문이다. 즉, 중학생들은 신체적 동작을 매개체로 하여 의사전달 및 정보 교환을 함으로써 자아의 성장을 이루고 자신만의 세계관을 만들어 간다고 볼 수 있다. 이러한 신체활동 경험은 중학생의 개인에게도 여러 변화를 가져올 수 있다. 또래집단과 함께 경험한 신체활동은 경쟁심, 협동심, 상호작용 등 여러 가지 정서 · 인지 · 행동 학습에 영향을 준다. 중학생은 주로 학교에서 대부분의 시간을 보내며, 사회 · 문화적 가치를 반영하는 게임이나 놀이에 참가하는 신체활동을 통해 사회의 보편적 특성을 학습하고 이를 통해 성격 발달에도 지대한 영향을 받는다. 특히 신체활동 경험은 참여자 간의 관계 형성 및 자아 발달에 많은 영향을 미친다. 하지만 과도한 입시경쟁으로 인해 중학생들은 신체활동에 대한 기본적인 욕구도 해소하지 못한 채 의자에 앉아 정적이고 일방적인 형태의 학습만 요구받고 있다. 신체활동 욕구가 충족되지 않은 중학생은 신체적 · 정신적 피로감을 호소하게 되며 균형적인 성장에 악영향을 받을 수 있다. 따라서 중학생 시기에는 건강한 성장을 위해 적절한 신체활동이 필요한 것으로 보인다.

중학생의 신체활동과 관련된 선행연구들을 보면, 중학생의 정체감 형성은 정체성 교섭과정(identity negotiation) 이론에서 말한 바와 같이 자신에 대한 인식이나 태도가 타인의식에 대한 자기 지각과의 상호작용 속에서 형성된다. 더욱이 신체활동을 기반으로 한 집단상담 활동은 타인과의 관계 경험을 통해 자아정체감을 형성하는 촉진제 역할을 하는 것으로 알려진 바 있다. Gallahue(1982)는 학생의 신체활동이 학생이 성장하는 데 기초를 만들어 주는 매우 유용한 교육수단이라고 말했다. 또한 비행청소년이나 장애청소년 등도 신체활동을 통하여 정서적 안정과 신체기능 향상 등의 효과를 거두는 경우가 있다. 안경일과 김재현(2002)은 중학생에 해당하는 청소년기에는 집단활동을 통해 또래와의 집단 사이에서 동일시를 경험하고, 이를 통해 또래와 유대감을 형성하고자 하는 발달 경향이 있다고 말했으며, 조남억(2008)은 집단활동을 통해 사회 참여는 물론 건강한 상호작용의 경험을 통해 성취감을 느끼고 서로의 감정을 주고받으며 자아존중감을 높여 줄 수 있다고 말했다. 즉, 안전하고 편안한 상황에서 이루어지는 중학생 집단상담 프로그램은 자연스럽게 이루어지는 상호작용을 통해 건강한 자아정체감을 형성하게끔 도와주는 효과적인 개입 방법이다. 전국재와 우영숙(2006)의 집단상담에서의 활동을 기본으로 활동이 집단원 간의 어색함을 줄여 주고, 활기가 넘치게 만들며, 집단에 서로 마구 섞여 함께 느끼고 경험함으로써 자신과 타인을 이해하고 존중하는 방법을 배울 수 있다.

이러한 활동은 집단상담 프로그램의 초기인 도입 부분이나 각 회기 초반에 아이스브레이킹으로 활용되는 경우가 대부분이다. 또한 학생들은 대부분 활동지를 활용한 정적인 집단상담에 쉽게 지루함을 느꼈으며, 교육을 받은 후에 남은 것이 거의 없다고 생각하는 경우가 많았다. 이를 해소하기 위해 학생들이 몸소 체험하고 활동함으로써 몸이 기억하는 프로그램이 필요하다. 따라서 활동중심으로 구성된 마음활동 집단상담 프로그램을 개발하여, 중학생들의 대인관계 능력 향상과 진로 선택에 도움이 되고자 하였다.

어울림 프로그램

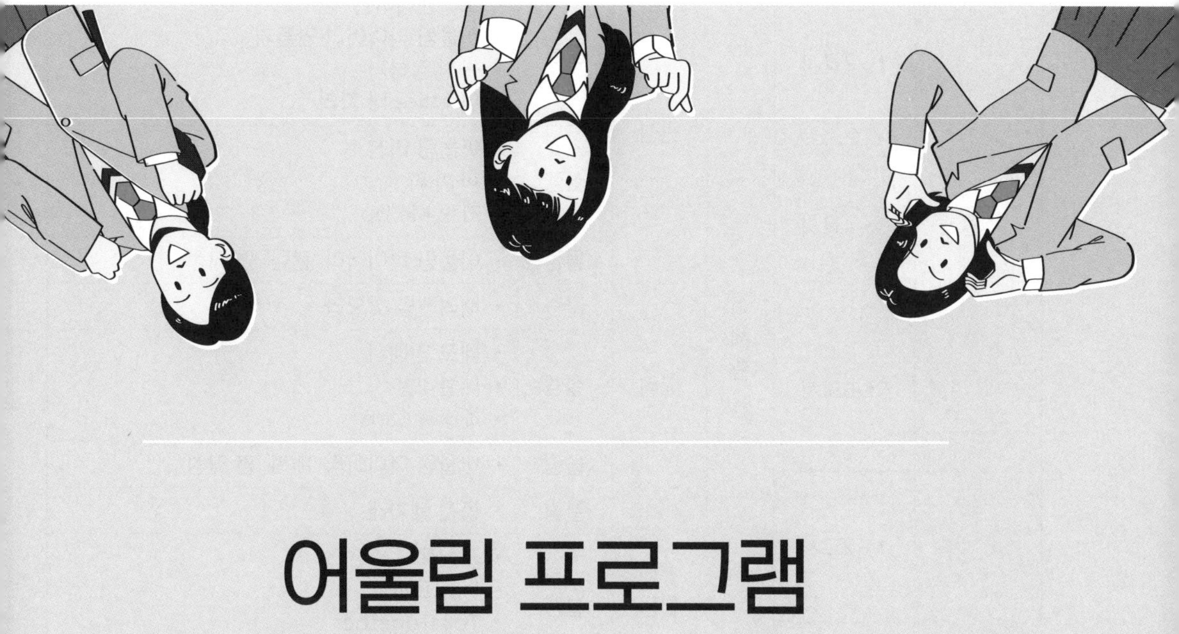

프로그램 개요

일차	교시	파트		흐름	세부 활동
1일	1~2교시	신체활동	관심	끌림	• 오리엔테이션 • 어울림 다이어리 만들기 • 규칙 정하기 • 뒤죽박죽 내 자리
	3~4교시			설렘	• 어울림 미션 • 짜·짜·짜 • Pick Me Up
				울림	• 어울림 다이어리 '관심' 편 작성
	5~6교시		배려	끌림	• 배려맨을 찾으라
				설렘	• 네모 안에서 • 내발네발 • 배려 a Care
				울림	• 어울림 다이어리 '배려' 편 작성
2일	1~2교시		협동	끌림	• 풍선 헹가래
				설렘	• 교실로… • Play Ball • Top Together • Air Racing
	3~4교시			울림	• 어울림 다이어리 '협동' 편 작성
		마음활동	감정	끌림	• 감정 이목구비
	5~6교시			설렘	• 감정 오락관 • 감정 극장 • 감정 선물
				울림	• 어울림 다이어리 '감정' 편 작성
3일	1~2교시		소통	끌림	• 속닥속닥
				설렘	• 어울림 미로 • 지뢰밭 대탈출 • 완성맞춤
	3~4교시			울림	• 어울림 다이어리 '소통' 편 작성
			격려	끌림	• 하지 못한 말, 듣고 싶은 말
	5~6교시			설렘	• 토닥토닥 괜찮아 • 나도 오늘은 주인공
				울림	• 어울림 다이어리 '격려' 편 작성 • 마무리

어울림 프로그램

관심

〈목표〉

- 프로그램의 목표를 이해하고 집단상담에 대한 기대감을 갖는다.
- 집단의 응집력을 형성하고 관심에 대한 이해의 폭을 넓힌다.

〈준비물〉

어울림 다이어리, 활동지(어울림 미션, Pick Me Up), 필기(채색)도구, 음악, 칠판

〈차시〉

3차시(150분)

오리엔테이션

집단 리더 소개

“안녕하세요. 우리는 앞으로 3일 동안 ‘어울림’ 프로그램으로 함께할 것입니다. 저는 친구들과 함께할 ○○○입니다. 만나서 반갑습니다. 늘 그렇듯 첫 만남은 긴장도 되지만 설렘도 있습니다. 지금은 낯설고 어색하지만 3일 뒤면 달라지게 될 친구들의 모습을 생각하니 기대됩니다. 저는 친구들을 몸과 마음으로 만날 준비가 되어 있는데, 우리 친구들은 어떻습니까?”

프로그램 오리엔테이션 실시

“자, 친구들, 칠판의 글씨를 다 같이 한번 읽어 보겠습니다. ‘어울림’이라는 세 글자 안에 무엇이 보입니까? 그렇습니다. ‘우리’라는 글자가 보입니다. 혹시 또 다른 글자가 보입니까? 네, ‘울림’도 보입니다. 결국 진정한 ‘어울림’이라는 것은 ‘우리’ 안에 ‘울림’이 있을 때 가능한 것입니다. 그럼 어떻게 하면 우리 마음속에서 울림이 일어나도록 할 수 있겠습니까? 우리는 3일 동안 총 6가지의 파트를 통해 함께 어울려 나갈 것입니다. 그 6가지 파트는 바로 관심, 배려, 협동, 감정, 소통, 격려입니다.

끌림

어울림 다이어리 만들기

"지금부터 친구들에게 어울림 다이어리를 나누어 드리겠습니다. 3일 동안 계속해서 함께할 어울림 다이어리를 소중하게 다루어 주기 바랍니다."

"먼저, 겉표지 하단에 자신의 이름을 적도록 하겠습니다."

"다음에는 'THE 後' 칸에 3일 동안 어울림 프로그램을 체험하고 난 후에 달라졌으면 하는 각자의 모습을 미리 적어 보도록 하겠습니다. 이렇게 하면 변화에 대한 기대감을 가질 수도 있고, 각자의 바람대로 되기 위해서 함께 노력해야겠다는 다짐도 해 보는 효과가 있을 것입니다."

"우리는 3일 동안 총 6개의 파트를 진행할 것입니다. 그리고 각 파트가 끝날 때마다 한 칸씩 다이어리를 채워 나갈 것입니다. 3일 뒤에는 각자 자신만의 언어로 작성되는 세상에 단 하나뿐인 어울림 다이어리가 완성될 것입니다."

〈진행 방법〉

① 어울림 다이어리 표지 하단에 '이름'을 작성하고, 'THE 後' 칸에 프로그램을 통해 변화되었으면 하는 자신의 모습을 그리거나 글로 작성한다.

② 어울림 다이어리 'THE 後' 칸을 작성한 후 집단원과 프로그램 기대감에 대해 이야기를 나눈다.

"모두 어울림 다이어리를 잘 꾸몄습니까? 앞으로 우리는 3일 동안 프로그램을 함께 하면서 하루에 두 칸씩 채워 나가 볼 것입니다. 교과서로만 배웠던 '관심' '배려' '협동' '감정' '소통' '격려'가 아니라 우리가 함께 직접 몸으로 체험하고 마음으로 느끼면서 새로운 나만의 사전을 만들어 볼 것입니다. 그래서 '아~ 관심이라는 것이 이런 거였

구나.' '누군가를 배려하는 것이 결코 쉬운 일이 아니었구나.' '나는 말도 잘하고 상대방의 말을 잘 듣는다고 생각했는데 진정한 소통은 그게 다가 아니었구나.' 등 본인이 직접 느낀 것을 바탕으로 해서 '나에게 관심이란~' '나에게 배려란~' '나에게 협동이란~' 이런 식으로 다이어리를 채워 나갈 것입니다. 자, 그러면 지금부터 이 프로그램에 어떠한 기대감을 가지고 있는지 서로 공유해 보겠습니다."

진행 TIP

- 프로그램의 목적, 흐름, 기대효과 등에 대한 안내를 통해 집단원에게 프로그램 참여에 대한 동기를 불어넣는 것이 핵심이다. 따라서 집단 리더는 집단원에게 적절한 자신만의 소개법을 만들어야 한다.

프로그램 규칙 정하기

"친구들, 이 프로그램을 함께 경험하고 나서 우리 반 모두가 서로에게 관심을 갖고 서로 도우며, 격려도 해 주는 좋은 반이 되었으면 좋겠다는 친구들의 기대감을 듣고 나니 선생님도 더 열심히 해야겠다는 마음이 드네요. 그렇다면 이 기대감을 충족하기 위해서 지금부터 우리만의 규칙들을 만들어 보도록 하겠습니다."

〈진행 방법〉

① 집단원이 자발적으로 프로그램의 규칙을 정하도록 안내한다.
② 집단 리더는 프로그램에 적절한 규칙들을 선별한다.
③ 프로그램 진행 시 규칙을 상기시킬 수 있도록 칠판에 규칙을 적는다.

"이런 규칙이라면 프로그램을 의미 있고 즐겁게 할 수 있을 것 같습니다. 선생님은 친구들이 정한 규칙을 프로그램이 끝날 때까지 잘 지켜 줄 것이라고 믿어 보겠습니다. 이제 다음 활동부터 본격적으로 관심에 대해 몸과 마음으로 알아보는 시간을 가지도록 하겠습니다."

진행 TIP

- 규칙을 정할 때는 가급적 전 집단원이 동의하는 것을 원칙으로 한다.
- 지키기 어려운 규칙이나 비현실적인 규칙들은 지양해야 한다. 예를 들면, '집단 장소 밖으로 내보내기' '떠들지 않고 한마디도 하지 않기' 등이 이에 해당된다.
- 좋은 규칙의 예로는 '경청하기' '비난 및 욕하지 않기' '할 때는 하고 놀 때는 놀기' 등이 해당된다.

뒤죽박죽 내 자리

"본격적으로 프로그램을 진행하기에 앞서 선생님을 포함한 우리 반 전체가 몸 풀기 활동을 통해 좀 더 가까워질 수 있는 시간을 가져 보도록 하겠습니다. 그럼 '뒤죽박죽 내 자리' 활동을 시작하겠습니다."

〈진행 방법〉

① 집단원은 둥글게 앉는다.
② 술래를 정하고 원 안에 서 있도록 한다.
③ 앉아 있는 집단원은 사과, 배, 레몬과 같이 3가지 과일의 이름을 순서대로 돌아가며 정한다.
④ 술래는 한 집단원에게 가서 "과일 사세요, 과일 사세요."라고 하면 질문을 받은 집단원은 사과, 배, 레몬 중에 1~2개를 말하고 그에 해당하는 집단원은 술래를 포함하여 신속하게 자리를 바꾸어 앉는다.
⑤ 술래가 찾아간 집단원이 3가지 과일을 다 말하고 싶은 경우에는 "과일 바구니"라고 말하면 되고, 이때는 모든 집단원이 자리를 바꾸어 앉는다.
⑥ 이러한 방식으로 반복하여 진행한다.

"재미있으셨습니까? 지금 옆에 앉아 있는 친구들을 보겠습니다. 처음 앉았을 때와 달라진 친구가 있을 것입니다. 어떻습니까? 처음 앉았을 때랑 지금이랑 차이가 있습니까? 우리는 평소에 친한 친구들과 자주 같이 앉을 것입니다. 하지만 프로그램을 하는 동안에는 평소에 친하지 않았던 친구와도 많은 활동을 함께할 것입니다."

진행 TIP

- 집단원의 안전을 1순위로 한다.
- 이동할 때는 자신의 옆자리로 옮길 수 없다.
- 술래가 2번 이상 걸렸을 경우 벌칙을 수행한다. 특히 벌칙의 수준은 집단원 특성에 따라 집단 리더가 결정한다.
- 자리를 옮길 때 '와~' 소리를 내거나 본인 과일 이름을 외치면 흥미로운 분위기를 조성할 수 있다.
- 과일 이름 대신 아이돌 또는 게임과 같이 집단원의 관심사를 주제로 진행할 수 있다.
- 이 활동을 통해 하위 그룹의 형성을 방지하며, 집단의 역동을 파악하는 데 도움을 얻을 수 있다.

설렘

어울림 미션

"자, 이 분위기를 몰아서 조금 더 친해지는 시간을 갖도록 하겠습니다. 지금부터 어울림 미션 활동을 진행하겠습니다. 모든 미션은 선생님을 포함하여 여기 있는 친구들과 꼭 1번씩은 수행해야 합니다. 그리고 모든 친구가 다 완수해야만 이 활동이 종료됩니다. 그렇기 때문에 나 혼자 끝났다고 끝난 게 아닙니다. 다른 친구들이 모두 미션을 완수할 수 있도록 도와주어야 합니다. 자, 그럼 시작해 보겠습니다."

〈진행 방법〉

① 집단원에게 활동지(어울림 미션)와 색연필을 나누어 준다.
② 집단원을 찾아다니며 각 미션을 수행하고 다른 집단원의 서명을 받도록 한다.

"끝~ 활동을 종료하겠습니다. 친구들은 가벼운 신체접촉 및 다양한 미션을 수행하는 것만으로도 달라진 분위기를 느꼈을 것입니다. 이제 친구들에게 관심을 가지는 시간을 가져 보겠습니다."

촉진질문

- □ 이 활동을 통해 느낀 점은 무엇인가요?
- □ 이 활동에서 가장 기억에 남는 장면이 무엇인가요?
- □ 어떻게 해서 빨리 성공할 수 있었나요?
- □ 늦게 성공한 이유는 무엇이라고 생각하나요?
- □ 어떤 집단원이 가장 적극적으로 도와주었나요?
- □ 어려웠던 미션은 무엇이었나요?
- □ 내가 미션을 수행하는 것과 집단원에게 확인해 주는 것 중에 어떤 것이 더 중요하다고 생각했나요?

진행 TIP

- 집단원 수가 15명 이하일 경우에는 일단 모든 집단원에게 미션 수행을 한 후에 남은 미션은 중복 가능하도록 안내한다.
- 각자 다른 색연필을 사용하고 서명할 때 사인이 아닌 이름을 쓰면 확인이 쉽고, 도용 방지 효과가 있다.
- 이 활동을 통해 집단의 분위기를 파악하는 데 도움을 받을 수 있다. 예를 들면, 미션을 수행할 때 쭈뼛거리는 집단원, 소외당하는 집단원, 자연스럽게 다가가는 집단원 등의 특성을 집단 리더가 잘 관찰하는 것이 핵심이다.

짜 · 짜 · 짜

"이번 활동은 '짜 · 짜 · 짜'입니다. 서로에게 좀 더 관심을 두고 알아 가는 시간입니다. 짜 · 짜 · 짜는 진짜, 진짜, 가짜를 의미하는데, 이에 맞게 각자 자신의 경험 3가지를 작성하겠습니다. 그중에 2가지는 진짜, 1가지는 가짜로 작성하면 됩니다. 그러면 나머지 집단원들이 가짜를 찾는 방식으로 진행됩니다."

〈진행 방법〉

① 집단원에게 펜과 종이를 나누어 준다.
② 2가지는 진실한 자신의 경험, 1가지는 거짓된 자신의 경험을 작성한다.
③ 집단원은 한 사람씩 돌아가면서 3가지를 읽는다.
④ 나머지 집단원은 듣고 거짓을 찾아낸다.
⑤ 이와 같은 방식으로 모든 집단원의 짜·짜·짜를 들어본다.

"친구들의 몰랐던 부분에 대해 새롭게 알게 된 시간이 되었던 것 같습니다.

옆에 있는 친구랑 친하지만, 아직 모르고, 더 알아 가야 할 부분이 있는 것 같습니다. 다음 활동을 통해서 친구들에 대해 더 알아 가는 시간을 가져 보겠습니다."

촉진질문

- □ 이 활동을 통해 느낀 점은 무엇인가요?
- □ 기억에 남는 질문은 무엇이었나요?
- □ 그 친구에 대해 새롭게 알게 된 사실이 있나요?

진행 TIP

- ◆ 활동 방법을 설명해도 집단원이 100% 이해하지 못할 수도 있으므로 집단 리더가 먼저 모델링 역할을 하는 것이 필요하다. 그러면서 자연스럽게 집단 리더와도 라포가 형성될 수 있다.
- ◆ 집단원들에게 자신의 경험을 생각하고 작성할 시간을 충분히 준다.
- ◆ '어울림 미션' 활동지 뒷면을 활용할 수도 있다.
- ◆ 집단원의 거짓을 찾아낸 다음에 그 집단원의 진짜 이야기들을 구체적으로 탐색할 수도 있다.

Pick Me Up

"이번에는 친구들에 대해 더욱 깊이 있게 알아보겠습니다. 여기 있는 활동지(Pick Me Up)를 이용하여 모둠별로 활동을 진행할 것입니다. 각 모둠에서는 활동지에 나와 있는 문항들을 꼼꼼히 읽어 보시고, 각 문항에 해당하는 모둠원을 선발해야 합니다. 모둠원을 선발할 때에는 한 명도 빠짐없이 모든 모둠원이 참여할 수 있도록 해야 합니다. 자, 그럼 각 모둠별로 모둠장을 뽑아 주시고, 모둠장을 중심으로 해서 각 문항을 대표하는 사람을 정해 주시기 바랍니다. 시작!"

〈진행 방법〉

① 집단원을 두 모둠으로 나눈 후 모둠별로 한 줄로 앉아 양 모둠이 서로 마주 보고 앉도록 한다.

② 각 모둠당 활동지를 한 장씩 나누어 준다.

③ 모둠원들끼리 의논을 통해 활동지를 완성한다.

④ 집단 리더는 각 문항에 해당하는 모둠원들을 불러내어 대결 구도로 진행한다.

⑤ 문항별로 이긴 모둠에게 점수를 주어 마지막 총점이 높은 모둠이 승리하는 것으로 한다.

"평소에 친구에 대해 잘 알고 있다고 생각했지만 이 활동을 통해 친구들에 대해 새롭게 알게 된 것이 있지 않을까 생각됩니다. 이렇게 해서 '관심' 파트의 모든 활동을 마쳤습니다. 고생했습니다."

촉진질문

- □ 이 활동을 통해 느낀 점은 무엇인가요?
- □ 기억에 남는 질문은 무엇이었나요?
- □ 모둠장은 어떤 역할을 했나요?
- □ 어떤 모둠원이 기억에 남으며, 그 이유는 무엇인가요?

진행 TIP

- ◆ 집단 리더는 흥미 유발을 위해 진행 방법을 경쟁 구도로 해야 하지만, 집단원이 이기고 지는 것에만 몰입하지 않도록 완급 조절이 필요하다.
- ◆ '관심' 파트인 만큼 서로를 잘 알아 갈 수 있는 시간을 보내는 것이 목적이므로 모둠원끼리 적극적으로 의논할 수 있도록 분위기를 조성하는 것이 중요하다.

울림

어울림 다이어리 '관심' 편 작성

"지금까지 '관심'에 대해서 알아보았습니다. '관심' 파트를 통해 느낀 것을 어울림 다이어리에 작성하는 시간을 가져 보도록 하겠습니다."

〈진행 방법〉

① 어울림 다이어리의 '관심' 칸에 지금까지 활동을 하면서 느낀 소감을 자유롭게 적고, 마지막에는 '관심이란 ~이다.'라는 한 줄 평을 적도록 한다.

② 한 집단원씩 돌아가면서 '관심' 파트에서 느낀 점을 나누어 보도록 한다.

"시인 김춘수는 「꽃」이라는 시를 통해 이렇게 말합니다. '내가 그의 이름을 불러주기 전에는 그는 다만 하나의 몸짓에 지나지 않았다. 내가 그의 이름을 불러 주었을 때 그는 나에게로 와서 꽃이 되었다.' 무심코 지나치는 수많은 들꽃은 나와 아무런 상관이 없지만 그 들꽃에게 관심을 주고 그 이름을 불러 주었을 때 그 꽃은 나와 특별한 관계를 맺게 됩니다. 지금 여러분 옆에 있는 친구들이 그렇습니다. 서로가 서로에게 관심을 가져 주고 이름을 불러 주기 시작하면 '친구'라는 이름의 애틋한 사이가 되는 것입니다. 어울림 프로그램의 첫 번째 주제인 '관심' 파트를 통해 느낀 점들을 마음에 새기며 이번 파트를 마무리하도록 하겠습니다."

진행 TIP

- 한 집단원씩 돌아가면서 발표를 할 때 울림을 준 집단원에게는 칭찬 스티커나 칭찬 도장을 통해 프로그램에 대한 동기부여를 해 줄 수 있다.
- 집단원 투표를 통해 울림을 준 집단원을 선발하고, 다음 활동 때 모둠장을 시켜 자존감을 높여 주며, 다른 집단원에게는 좋은 모델링이 될 수 있게 한다.

정리

파트 마무리 및 다음 파트에 대한 안내

"우리는 '관심' 파트를 통해 '어울림'이라는 것에 대해 생각해 보았습니다. 상대방에게 호기심 어린 마음으로 관심을 기울이며 조금씩 알아 가는 것이 관계의 시작이라는 것을 몸과 마음으로 알아보았습니다."

"다음 파트는 '배려'입니다. 배려란 무엇인지 글이 아닌 몸과 마음으로 체험하면서 함께 느껴 보도록 합시다."

어울림 프로그램

배려

〈목표〉

- 활동을 통해 관계 형성에 있어 배려가 필요하다는 것을 몸과 마음으로 체험한다.
- 타인의 입장을 헤아려 보는 경험을 통해 배려에 대한 진정한 의미를 이해한다.

〈준비물〉

어울림 다이어리, 사용한 활동지(어울림 미션 or Pick Me Up), 마스킹 테이프, 발목밴드, 풍선, A4용지, 의자

〈차시〉

3차시(150분)

오리엔테이션

지난 파트에 대한 내용 요약 및 정리, 이번 파트에 대한 안내

"지난 시간에 우리는 어울림의 첫걸음인 관심에 대해서 알아보았습니다. 옆에 있는 친구들이 어떤 관심과 어떤 호기심을 가지고 있었는지 우리가 미처 몰랐던 부분에 대해서도 알아보는 시간을 가졌습니다."

"이번 시간에는 배려에 대해 알아볼 것입니다. 배려란 마음으로 다른 사람을 생각하는 것을 말합니다. 만약 상대방을 생각하지 않고 자신만 생각하는 친구가 있다고 생각해 봅시다. 그 친구와 친해지고 싶은 친구는 없을 것입니다. 우리가 옆에 있는 친구와 제대로 어울릴 수 있는 친구가 되기 위해서는 배려가 반드시 필요합니다."

끌림

배려맨을 찾으라

"배려가 무엇이라고 생각하십니까? 지금부터 배려를 해 보았거나 배려를 받았던 경험에 관해서 이야기를 나누어 보겠습니다. 누가 먼저 해 보겠습니까?"

"그럼 지금부터 '배려'에 대해 생각해 볼 수 있는 활동을 시작해 보도록 하겠습니다. 마피아 게임과 같은 방식으로 배려맨을 선택할 것입니다. 선택을 받은 배려맨들은 주어진 시간 동안 3가지 이상의 배려 행동을 해야 합니다. 그리고 다시 모였을 때는 각자가 받은 배려의 행동들을 확인하면서 배려맨을 찾아보도록 하겠습니다."

〈진행 방법〉

① 집단원 간 배려받았거나 배려했던 경험에 대해 이야기를 나눈다.
② 집단원들이 고개를 숙인 상태에서 집단 리더는 배려맨을 3명 선택한다고 말하고 모든 집단원을 배려맨으로 선택한다.
③ 주어진 시간(3분) 동안 자유롭게 돌아다니며 배려 행동을 3가지 이상 하도록 미션을 부여한다.
④ 다시 모인 후 집단 리더는 1명을 지목하고, 자신이 받은 배려 행동을 이야기하고 배려맨이라고 생각하는 사람 1명을 지목하도록 한다.
⑤ 지목을 받은 사람은 "당신은 배려맨이 맞습니까?"라는 질문에 대답하도록 하고, 앞과 같은 방식으로 다른 배려맨을 지목하도록 한다.
⑥ 3명의 배려맨까지 확인한 후 집단 리더는 "배려맨은 손을 드세요."라는 말과 함께 모든 집단원이 배려맨이었음을 확인한다.
⑦ 배려 행동을 주고받은 경험에 대한 소감을 나눈다.

"다들 배려의 의미에 대해서는 잘 알고 있지만, 막상 배려를 실천한다는 것이 말처럼 쉽지 않다는 사실을 알 수 있을 것입니다. 이제 다음 활동부터 본격적으로 배려에 대해 몸과 마음으로 알아보는 시간을 가지도록 하겠습니다."

진행 TIP

- 집단원 기준에서 배려라고 생각하는 에피소드를 이야기하도록 하여 배려에 대해 생각해 보는 작업이 필요하다.
- 배려에는 정답에 없으며 자신이 상대방에게 마음을 쓴 것에 초점을 두도록 한다.

설렘

네모 안에서

"본격적으로 활동에 들어가 보도록 하겠습니다. 지금 이곳은 강입니다. 여러분은 모두 배려를 통해 이 강을 무사히 건너야 합니다."

〈진행 방법〉

① 마스킹테이프로 5m 간격의 출발선과 도착선을 표시한다.

② 모둠을 나누고 모둠별로 A4용지 크기의 종이 5장을 나누어 준다.

③ 종이를 바닥에 징검다리식으로 한 장씩 놓으며 출발선에서 도착선까지 모든 모둠원이 이동해야 한다.

④ 종이가 신체 일부에서 떨어지면 실패로 간주하여 처음부터 다시 진행하거나 상대 모둠에게 기회를 준다.

⑤ 모둠원 전체가 먼저 건너가면 승리하게 된다.

〈네모 안에서〉

"친구들이 서로 배려하면서 성공하는 모습이 보기 좋습니다. 자, 그럼 이번에는 난이도를 조금 높이겠습니다. 각 모둠당 종이를 1장씩 빼도록 하겠습니다. 준비, 시작!"

"자신만 생각하고 진행했다면 아마 성공하지 못했을 것입니다. 다른 친구가 올 수 있도록 공간을 확보해 주고 나를 포함해 옆에 있는 친구들을 생각하는 것이 핵심입니다. 이를 잘 유념하면서 다음 활동에서도 배려에 대해 알아봅시다."

촉진질문

- 이 활동을 통해 느낀 점은 무엇인가요?
- 성공(혹은 실패)했을 때 어땠나요?
- 성공(혹은 실패)한 이유는 뭐라고 생각하나요?
- 이 활동에서 가장 기억에 남는 장면이 무엇인가요?
- 모둠에서 가장 중요한 역할을 한 모둠원은 누구라고 생각하나요? 그 이유는 무엇인가요?
- 자신은 이 활동에서 어떤 역할을 했나요?
- 모둠을 나누어서 했을 때와 다 같이 한 팀으로 했을 때를 비교하면 어떤가요?

진행 TIP

- A4용지는 이전 '관심' 파트에서 사용한 활동지(어울림 미션, Pick Me Up)를 활용할 수 있다.
- 집단원 수에 따라 1~2개 모둠으로 나누어 진행이 가능하다.
- 종이 개수를 줄이거나 2개 모둠을 1개 모둠으로 진행하는 등 난이도를 조절할 수 있다.
- 집단 리더는 종이가 몸에서 떨어지는지 잘 관찰하고, 떨어졌을 때 그 즉시 패널티를 부여하는 것이 중요하다.

내발네발

"힘을 합쳐 배려하며 강을 건너온 친구들, 고생하셨습니다. 하지만 친구들이 도착한 이곳은 악어 떼가 득실거리는 정글입니다. 이 정글에서 살아남으려면 우리가 하나가 되어 물에 빠지거나 넘어지지 않아야 합니다. 서로 배려하며 무사히 도착 지점까지 건너가 봅시다."

〈진행 방법〉

① 마스킹테이프를 사용하여 5m 간격으로 출발선과 도착선을 만든다.

② 출발선과 도착선 사이에 약 45×45cm 정사각형 네모 4칸을 만든다.
③ 집단원을 두 모둠으로 나눈다.
④ 발목밴드를 사용하여 2인 3각 식으로 옆 친구와 발목을 묶는다.
⑤ 한 모둠씩 번갈아 가면서 네모 칸만 밟으며 늪을 지나간다.
⑥ 두 모둠이 모두 성공하면 양쪽에 서서 동시에 교차하며 이동하도록 한다.

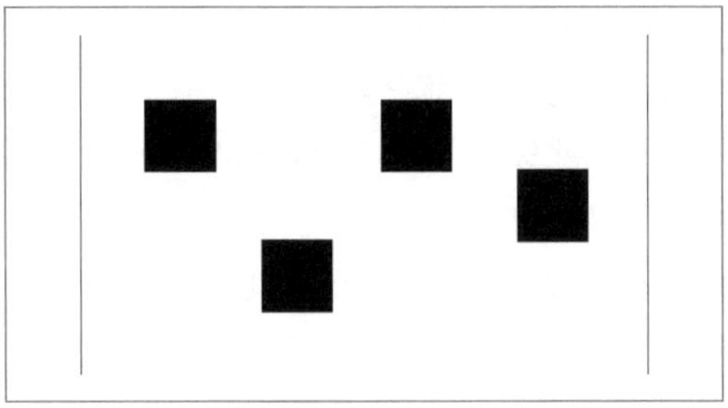

〈정글에서 살아남기〉

"친구들의 배려가 있었기에 무사히 정글에서 살아남을 수 있었습니다. 여러분이 지금 몸과 마음으로 느꼈듯이, 이 활동은 서로의 배려 없이는 결코 성공할 수 없었을 것입니다."

촉진질문

- □ 이 활동을 통해 느낀 점은 무엇인가요?
- □ 성공(혹은 실패)했을 때 어땠나요?
- □ 성공(혹은 실패)한 이유는 뭐라고 생각하나요?
- □ 포기하고 싶었던 순간이 있었나요? 그 이유는 무엇인가요?
- □ 포기하지 않고 성공할 수 있던 이유는 무엇인가요?
- □ 이 활동에서 가장 기억에 남는 장면이 무엇인가요?

진행 TIP

- ◆ 집단원의 흥미 유발을 위해 네모 칸의 모양을 변칙적으로 사용할 수 있다.
- ◆ 집단원의 역량에 따라 네모 칸의 간격 및 크기를 조절할 수 있다.
- ◆ 번갈아 가며 한 팀씩 하고, 양 팀이 동시에 교차하며 통과하는 것이 이 활동의 핵심이다. 두 모

둠이 건널 때 서로 등지지 않고 마주 보며 건너는 것이 성공 포인트이며, 두 모둠이 서로 잡아 주어야만 성공할 수 있다.

◆ 정글에 사는 악어 역할은 집단 리더나 상대편 모둠원이 맡도록 하여 활동의 흥미를 더할 수 있다.

배려 a Care

"이제 '배려' 파트의 마지막 활동입니다. 풍선을 가지고 배려에 대해서 알아보겠습니다. '배려 a Care'에서의 풍선은 우리의 소중한 물건이라고 생각하여 잘 보살펴 주어야 합니다. '배려 a Care'는 총 3개의 단계로 되어 있습니다. 자, 1단계부터 도전할 준비가 되었습니까?"

〈진행 방법〉

[1단계]

① 출발선을 표시하고 5m 떨어진 곳에 반환점(의자)을 설치한다.

② 집단원들이 2인 1조로 짝을 짓는다.

③ 각자 두 손은 뒷짐을 지고 두 사람의 몸 사이에 풍선을 낀 채 반대쪽 의자를 돌아와서 다음 모둠에게 전달한다.

④ 중간에 풍선이 떨어지거나 손을 사용하면 실패이며, 다음 차례로 넘어간다.

⑤ 모든 집단원이 돌아와야 성공이다.

〈배려 a Care Ⅰ〉

진행 TIP

- 원칙은 풍선이 몸에서 떨어지면 안 되는 것으로 해야 한다. 그렇지 않으면 처음부터 발을 사용하는 경우가 생길 수 있기 때문이다.
- 풍선이 바닥에 떨어지거나 손을 사용해서 실패할 경우 다음 차례로 넘어간다.
- 실패한 집단원은 맨 뒤로 보내 계속해서 교대로 돌아가도록 한다.
- 집단원의 수가 많을 경우 두 모둠으로 나누어 풍선 2개를 가지고 양쪽에서 경쟁구도로 진행할 수 있다.
- 풍선이 몸에서는 떨어졌지만 바닥에는 닿지 않았을 경우 3번 안에 터치하여 풍선을 다시 몸으로 고정하면 이어서 진행할 수 있도록 하는 등 분위기에 따라 변칙 적용이 가능하다.

[2단계]

① 모든 집단원은 두 발을 붙이고 옆 집단원과 손을 잡고 원으로 서도록 한다.

② 반드시 풍선이 순서대로 모든 집단원의 머리를 터치하면서 한 바퀴 돌아와야 성공이다.

③ 이때 발이 떨어지거나 잡은 손을 놓으면 실패이다.

④ 서로 잡고 있는 양손은 자유롭게 사용할 수 있다.

진행 TIP

- 시작하는 집단원의 순서를 지속적으로 바꿔 가면서 기회가 골고루 돌아갈 수 있게 한다.
- 실패가 반복되면 중간중간에 '어떻게 하면 성공할 수 있을까요?'라는 질문을 하며 성공할 수 있는 방법을 찾아갈 수 있게끔 도와주어야 한다.
- 의견을 제시하는 집단원이 무시당하지 않고 그 의견이 반영될 수 있도록 집단의 역동을 잘 살펴야 한다.
- 성급하게 도움을 주지 않고 집단원이 방법을 찾아서 성공할 수 있도록 이끌어 가는 것이 중요하다.

[3단계]

① 마스킹테이프를 사용하여 5m 간격으로 출발선과 도착선을 만든다.

② 모든 집단원은 출발선 뒤에 순서대로 서 있는다.

③ 집단 리더는 출발선과 도착선 사이 가운데에 풍선을 들고 서 있는다.

④ 집단 리더가 풍선을 위로 띄우면 첫 번째 집단원이 달려 나와 떨어지는 풍선을 다시 위로

띄우고 도착선 밖으로 나간다.

⑤ 도착선 밖으로 나간 다음에 집단 리더의 출발 신호와 함께 두 번째 집단원이 같은 방식으로 달려 나와 떨어지는 풍선을 위로 띄우고 도착선 밖으로 나간다.

⑥ 같은 방식으로 마지막 집단원까지 도착선 밖으로 나오면 성공이다.

⑦ 풍선이 바닥에 떨어지면 실패이며, 계속해서 집단 순서를 교대한다.

〈배려 a Care Ⅲ〉

"이렇게 해서 상대방의 입장을 생각해 보고 친구들을 도와주는 '배려' 파트의 활동들을 마쳤습니다."

촉진질문

- □ 이 활동을 통해 느낀 점은 무엇인가요?
- □ 성공(혹은 실패)했을 때 어땠나요?
- □ 성공(혹은 실패)한 이유는 뭐라고 생각하나요?
- □ 친구를 배려한 장면이 있었다면 무엇이었나요?
- □ 친구에게 배려를 받았다고 느낀 상황은 언제였나요?

진행 TIP

- ◆ 뒷사람을 생각해서 풍선 튕기는 것을 인식할 수 있도록 간접적으로 도와줄 필요가 있다.
- ◆ 출발선과 도착선의 간격은 편의상 성인의 걸음을 기준으로 7걸음으로 한다. 상황 및 집단원의 역량에 따라 집단 리더가 융통성 있게 진행한다.

울림

어울림 다이어리 '배려' 편 작성

"지금까지 '배려'에 대해서 알아보았습니다. '배려' 파트를 통해 느낀 것을 어울림 다이어리에 작성하는 시간을 가져 보도록 하겠습니다."

〈진행 방법〉

① 어울림 다이어리의 '배려' 칸에 지금까지 활동을 하면서 느낀 소감을 자유롭게 적고, 마지막에는 '배려란 ~이다.'라는 한 줄 평을 적도록 한다.

② 한 집단원씩 돌아가면서 '배려' 파트에서 느낀 점을 나누도록 한다.

"어두운 밤길에 등불을 들고 가는 시각장애인을 어리석다 하지 않습니다. 그 등불은 자신을 위한 것이 아니라 타인을 위한 것이기 때문입니다. 사소한 것이라 할지라도 내가 아닌 타인의 입장에서 생각할 수 있는 것, 그것이 바로 배려입니다. 어울림 프로그램의 두 번째 주제인 '배려' 파트를 통해 느낀 점이 있습니까? 지금 옆에 있는 친구의 입장을 먼저 생각해 보며 조금씩 배려의 싹을 틔워 가는 친구들이 되었으면 좋겠습니다."

진행 TIP

- 한 집단원씩 돌아가면서 발표를 할 때 울림을 준 집단원에게는 칭찬 스티커나 칭찬 도장을 통해 프로그램에 대한 동기부여를 해 줄 수 있다.
- 집단원의 투표를 통해 울림을 준 집단원을 선발하고, 다음 활동 때 모둠장을 시켜 자존감을 높여 주며, 다른 집단원에게는 좋은 모델링이 될 수 있게 한다.

정리

파트 마무리 및 다음 파트에 대한 안내

"우리는 '배려' 파트를 통해 '어울림'이라는 것에 대해 생각해 보았습니다. 활동을 통해 내가 아닌 다른 친구를 먼저 생각해 주는 것이 배려라는 것을 몸과 마음으로 알아보았습니다."

"다음 파트는 '협동'입니다. 협동이란 무엇인지 글이 아닌 몸과 마음으로 체험하면서 함께 느껴 보도록 합시다."

어울림 프로그램

협동

〈목표〉

- 활동을 통해 함께하는 즐거움과 성취감을 느끼게 해 줌으로써 친밀감과 신뢰감을 형성한다.
- 친구와 함께 도움을 주고받는 경험을 통해 협동에 대한 진정한 의미를 이해한다.

〈준비물〉

어울림 다이어리, 붉은 실, 풍선, 활동지(교실로…), 통통볼, 볼펜, A4용지, 가위, 풀, 테이프, 종이컵, 의자

〈차시〉

3차시(150분)

오리엔테이션

지난 파트에 대한 내용 요약 및 정리, 이번 파트에 대한 안내

"지난 시간에 우리는 배려에 대해서 알아보았습니다. 옆에 있는 친구의 생각과 입장을 이해해 보는 시간을 가졌습니다."

"이번 시간에는 협동에 대해 알아볼 것입니다. 협동이란 서로 마음과 힘을 하나로 합하는 것을 말합니다. 인간은 혼자서는 절대 살아갈 수 없으며, 서로 밀어 주고 당겨 주며 살아가야 합니다. 지금 학교생활에서 서로 믿고 의지하고 도와주어야 할 사람은 옆에 있는 친구들이라고 생각합니다. 지금부터 우리 반이 얼마나 하나가 되어 있는지 확인해 보도록 하겠습니다."

끌림

풍선 헹가래

"'협동' 파트를 본격적으로 들어가기 전에 간단한 활동을 해 보겠습니다. 지금부터 우리가 얼마나 하나가 되어 있는지 점검해 보겠습니다. 여기 실타래가 있습니다. 모든 친구에게 실타래를 건네주어야 하고, 실타래를 받은 친구들은 자신의 손가락에 걸어야 합니다. 그러고 난 후 선생님이 중앙에서 풍선을 두면 친구들은 힘을 모아 10번씩 튕겨야 합니다. 우리가 이를 성공하기 위해서는 어떻게 해야 하겠습니까? 그렇습니다. 모두가 한마음으로 해야 합니다."

〈진행 방법〉

① 집단원은 둥글게 선다.

② 실타래를 손가락으로 걸고 다음 친구에게 전달한다.

③ 실타래를 돌리며 모든 집단원은 1명도 빠짐없이 손가락에 건다.

④ 집단 리더는 중앙에 풍선을 둔다.

⑤ 집단원이 풍선을 10번 튕기면 성공이다.

⑥ 활동 중 풍선이 몸에 닿거나 바닥에 떨어지면 처음부터 다시 한다.

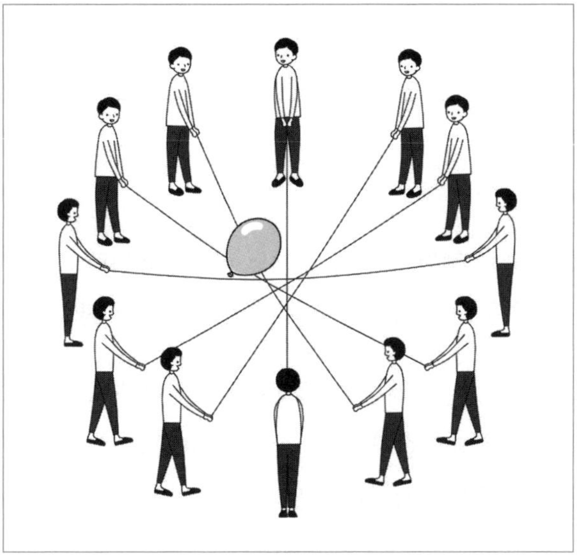

〈풍선 헹가래〉

"성공과 실패가 중요한 것이 아닙니다. 현재 우리 반의 협동 상태가 이러한 모습이라는 것을 점검해 본 시간이라고 생각하면 좋을 것 같습니다. 이제 다음 활동부터 본격적으로 협동에 대해 몸과 마음으로 알아보는 시간을 가져 보도록 하겠습니다."

진행 TIP

- 풍선은 어디로 튈지 모르기 때문에 모든 집단원이 집중해야 하며 함께 움직여 주어야 한다.
- 집단 리더는 진행 상황에 따라서 튕기는 횟수를 5~10번으로 조절 가능하다.
- 집단 리더는 집단원의 성공과 실패에 초점을 두기보다는 서로의 상호작용, 즉 집단원이 한마음으로 임하는지에 초점을 둘 필요가 있다.
- 집단 리더는 모든 집단원이 무슨 역할을 하는지 관찰하는 것이 포인트이다.

설렘

교실로…

"본격적으로 '협동' 파트 활동에 들어가 보도록 하겠습니다. 이번 활동은 '교실로…' 라는 활동입니다. 이 활동을 위해서는 몇 가지 상황 설정이 필요합니다."

"오늘은 13일의 금요일, 현재 시간은 밤 9시 정각입니다. 눈을 떠 보니 우리는 ○○ 학교 과학실에 갇혀 있게 되었습니다. 현재 복도와 학교 운동장에는 아직 잠에서 깨어나지 않은 좀비들이 널려 있습니다. 아직 좀비들은 친구들의 존재를 파악하지 못한 상태입니다."

"'교실로…'라는 활동지를 통해 과학실에 있는 도구들을 활용하여 우리 반 교실까지 무사히 이동하는 것이 이번 활동의 미션입니다. 이 활동의 핵심은 협동임을 명심하며 모둠원과 함께 잘 의논하여 무사히 탈출하시기를 바랍니다. 그럼 친구들, 건투를 빕니다."

〈진행 방법〉

① 집단원 전체 수에 따라 3~4개 모둠으로 나눈다.

② 집단 리더는 모둠당 활동지(교실로…)를 1장씩 주고 상황을 부여한다.

③ 모둠별로 활동지(교실로…)에 제시된 물건 25가지 중 10가지만 선택하게 한다.

④ 선택한 물건 10가지를 활용하여 교실로 탈출할 수 있는 방법을 의논하도록 하고 모둠별로 발표한다.

⑤ 활동 후 집단 리더는 활동 중 모둠원의 상호작용을 관찰하고, 나눔을 통해 협동을 잘 했는지 점검한다.

"미션 수행에 성공하였습니다. 선생님은 통과를 하고 못하고는 중요하지 않다고 생각합니다. '우리 모둠이 단 1명의 낙오자 없이 얼마나 잘 협동했는가?' 이것이 이 활동의 핵심이라고 생각합니다. 그런 점에서 우리 반은 모두 협동하여 미션을 완수한 것으로 보입니다."

촉진질문

- □ 이 활동을 통해 느낀 점은 무엇인가요?
- □ 자신은 모둠에서 어떤 역할을 했나요?
- □ 우리 모둠은 협동이 잘되었나요? 그 이유는 무엇인가요?
- □ 협동이 잘되지 않았다면 그 이유는 무엇인가요?

진행 TIP

- ◆ 집단원의 흥미를 유발할 수 있는 방식으로 집단 리더가 진행 방법을 임의로 변경하여 진행 가능하다.
- ◆ 집단 리더는 중간중간 집단원 간 상호작용이 원활하게 이루어질 수 있도록 개입해야 한다.
- ◆ 이 활동은 결과가 중요하지 않다. 따라서 집단원이 모둠에 얼마나 참여했는지 활동 후 나눔에서 점검해야 한다.
- ◆ 집단 리더는 활동 중 집단원의 상호작용을 관찰하고 나눔을 통해 협동 방식에 대해 점검한다.

Play Ball

"지금부터 Play Ball 활동을 해 보겠습니다. 선생님이 5개의 공을 가지고 있습니다. 이제부터 이 공은 폭탄이라고 설정합니다. 공이 바닥에 떨어지면 폭탄은 터지게 됩니다. 폭탄이 터지지 않도록 안전하게 마지막 친구에게까지 전달하는 것이 이 활동의 목표입니다. 이 활동 또한 친구들과 함께 협동하여 미션을 수행해야 합니다. 자, 그럼 시작해 보겠습니다."

〈진행 방법〉

[1단계–마음통통]

① 집단원을 두 모둠으로 나누고, 양 모둠은 서로 마주 보고 의자에 앉는다.

② 집단원은 한 손에 볼펜 1자루를 쥐고, 다른 한 손은 옆 집단원에게 어깨동무를 한다.
③ 마주 보고 있는 2명이 한 조가 되어 볼펜만 사용하여 공을 다음 집단원에게 전달한다.
④ 같은 방식으로 마지막 집단원에게까지 전달하면 성공이다.
⑤ 공을 옮기는 도중에 공이 떨어지면 떨어진 공만 처음으로 돌아가고, 나머지 공은 계속 진행한다.

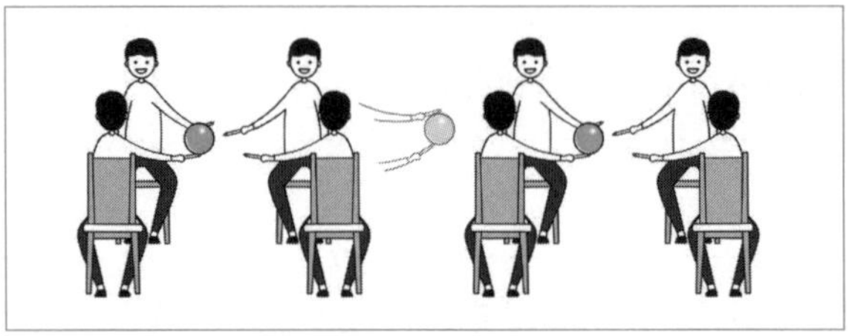

〈마음통통〉

"처음에 마주 보는 친구 둘이 할 때는 불안하고 어려웠지만, 옆에 있는 친구들이 함께 힘을 모아 주었을 때 더 안정적이고 편안한 것을 느꼈을 것입니다. 이처럼 어떤 문제 상황에 우리가 마주했을 때 친구들의 협동이 그 문제해결의 열쇠임을 이번 활동을 통해 알게 되었습니다."

촉진질문

- □ 이 활동을 통해 느낀 점은 무엇인가요?
- □ 성공(혹은 실패)했을 때 어땠나요?
- □ 성공(혹은 실패)한 이유는 뭐라고 생각하나요?
- □ 이 활동에서 가장 기억에 남는 장면이 무엇인가요?

진행 TIP

◆ 집단원의 역량에 따라 난이도를 조절하는 것이 필요하다. 예를 들면, 집단원에게 시간 제한을 두거나, 집단원 사이의 간격을 넓히거나, 공을 왕복으로 옮기는 방식 등이 있다.

[2단계-지그재그]

"지금부터 지그재그 활동을 하겠습니다. 지그재그 활동에서는 도구를 사용할 수 없습니다. 각자의 몸이 도구입니다. 오로지 혼자서 모든 것을 감당해야 합니다. 마음의 준비가 되셨습니까?"

〈진행 방법〉

① 집단원을 두 모둠으로 나누어 서로 2~3m 간격으로 마주 보고 의자에 앉는다.
② 첫 번째 집단원이 맞은편 집단원에게 공을 던져 준다.
  (ㄱ) A가 B에게 1번 공을 던져 준다.
  (ㄴ) A가 B에게 2번 공을 던져 줌과 동시에 B는 C에게 1번 공을 던져 준다.
  (ㄷ) A가 B에게 3번 공을 던져 줌과 동시에 B는 C에게 2번 공을 던져 주고, 이와 동시에 C는 D에게 1번 공을 던져 준다.
③ 이 방식을 반복한다.
④ 공이 떨어지거나 한 집단원이 2개 이상의 공을 가지고 있으면 처음부터 다시 한다.

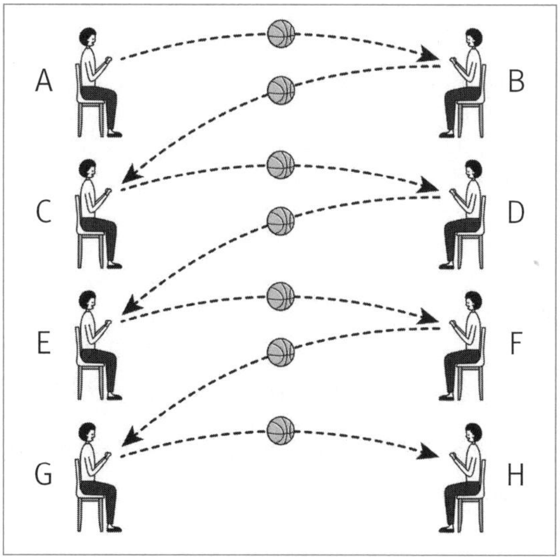

〈지그재그〉

"만약 단 1명의 친구라도 집중을 하지 않았거나 마음을 쓰지 않았더라면 절대 성공하지 못했을 것입니다. 그러나 모두가 한마음이 되어 다른 친구들과 호흡을 맞추었기 때문에 성공할 수 있었습니다. 따라서 협동은 혼자 하는 것이 아닌 모두가 마음을 썼을 때 완성됩니다."

촉진질문

- □ 이 활동을 통해 느낀 점은 무엇인가요?
- □ 성공(혹은 실패)했을 때 어땠나요?
- □ 성공(혹은 실패)한 이유는 뭐라고 생각하나요?
- □ 이 활동에서 가장 기억에 남는 장면이 무엇인가요?
- □ 자신의 협동에 점수를 준다면 몇 점인가요?
- □ 그 점수를 올리기 위해서 필요한 것이 있다면 무엇인가요?

진행 TIP

- ◆ 집단원의 합이 제일 중요한 활동이다.
- ◆ 집단원의 역량에 따라 난이도를 조절할 수 있다. 예를 들면, 순서 및 집단원의 자리를 섞도록 할 수 있다.
- ◆ 잦은 실패 시 첫 번째 집단원이 계속하면 마지막 집단원은 못하기 때문에 마지막 집단원부터 시작하도록 한다.

Top Together

"이번에 우리가 하게 될 활동의 이름은 'Top Together'입니다. 이름에서 알 수 있듯이 함께 가장 높이 탑을 쌓는 것이 이 활동의 핵심입니다. 친구들이 이 활동에 몰입할 수 있도록 상황을 설정하도록 하겠습니다."

"전대미문의 이상 기후 현상으로 인해 지구가 물에 잠기고 있습니다. 지금 ○○학교의 운동장까지 물에 잠겼습니다. 2분 뒤면 우리 모두 물에 잠기고 말 것입니다. 이

위기를 극복할 수 있는 방법은 단 한 가지밖에 없습니다. 서로 힘을 모아 최대한 높이 탑을 쌓아 이 위기를 극복해 봅시다."

〈진행 방법〉

① 집단을 3개 모둠으로 나누고 A4용지를 집단원의 수만큼 제공한다.
② 주어진 시간 2분 동안 가장 높이 쌓는 모둠이 승리한다.
③ 가장 높이 쌓는 모둠순으로 가위, 풀, 테이프 중에 1개씩 선택하게 하고 각 모둠당 종이를 추가로 3장씩 나누어 주어 2라운드(5분)를 진행한다.
④ 3라운드(10분)에서는 전체 모둠이 모든 종이와 아이템을 사용하여 최대한 높이 쌓도록 한다.

"탑을 쌓으면서 어떠셨습니까? 각자의 생각과 가치가 다르기 때문에 의견 충돌이 생기는 부분이 있었을 것입니다. 사공이 많으면 배가 산으로 간다는 말이 있듯이 협동을 하기 위해서는 배려가 선행되어야 하며 적극적 소통을 통해 의견을 조율하는 과정이 필요합니다."

촉진질문

- □ 이 활동을 통해 느낀 점은 무엇인가요?
- □ 성공(혹은 실패)했을 때 어땠나요?
- □ 성공(혹은 실패)한 이유는 뭐라고 생각하나요?
- □ 이 활동에서 가장 기억에 남는 장면이 무엇인가요?
- □ 자신의 협동에 점수를 준다면 몇 점인가요?
- □ 그 점수를 올리기 위해서 필요한 것이 있다면 무엇인가요?
- □ 모둠 작업을 했을 때와 모든 집단원이 함께했을 때 어땠나요?

진행 TIP

- ◆ A4용지는 이전 파트에서 사용한 활동지를 사용할 수 있다.
- ◆ 책상 위가 아니라 바닥에서부터 쌓아 올릴 수 있도록 한다.
- ◆ 가위를 선택한 모둠을 제외하고 임의로 종이를 찢지 않도록 한다.
- ◆ 테이프를 선택한 모둠에게는 모둠원의 얼굴 길이만큼만 잘라서 나누어 준다.

Air Racing

"지금까지 잘해 왔습니다. 이제 마지막 단계입니다. 풍선 바람으로 종이컵을 밀어 반환점을 돌고 다음 친구에게 전달하는 릴레이 방식입니다. 모든 모둠원이 결승점으로 돌아와야 종료됩니다. 지금부터 'Air Racing' 활동에 손발이 잘 맞기 위해서는 어떤 전략이 필요할지 의논할 시간을 주겠습니다."

〈진행 방법〉

① 집단원에 따라 2~3개조로 나눈다.
② 모둠당 풍선 1개씩을 주고, 드라이버(풍선으로 종이컵을 미는 집단원)의 순서, 퀵(풍선을 전달해 주는 집단원) 1명, 충전소(풍선에 바람을 넣는 집단원) 1명을 정한다.
③ 퀵과 충전소는 출발선 옆 의자에 앉도록 한다.
④ 출발선에 종이컵을 두고 드라이버는 풍선 바람만으로 종이컵을 민다.
⑤ 5m 앞에 있는 반환점을 돌고 종이컵과 풍선을 함께 다음 드라이버에게 전달한다.
⑥ 풍선의 바람을 다 사용했을 시 드라이버는 움직일 수 없다.
⑦ 퀵은 외발뛰기로 드라이버에게 가서 풍선을 가지고 충전소로 간다.
⑧ 충전소에서 풍선을 충전한 후에 퀵은 다시 드라이버에게 풍선을 전달하고, 퀵이 제자리에 앉아야 드라이버가 출발할 수 있다.
⑨ 이를 반복해서 모든 드라이버가 반환점을 돌고 와야 한다.

〈Air Racing〉

"각자 자신의 역할에 충실한 모습이 마치 여러 개의 톱니바퀴가 잘 맞물려 돌아가는 모습처럼 보여서 보기 좋았습니다."

촉진질문

- □ 이 활동을 통해 느낀 점은 무엇인가요?
- □ 성공(혹은 실패)했을 때 어땠나요?
- □ 성공(혹은 실패)한 이유는 뭐라고 생각하나요?
- □ 이 활동에서 가장 기억에 남는 장면이 무엇인가요?
- □ 역할은 어떻게 나누게 되었으며, 역할을 배정받았을 때는 어땠나요?
- □ 자신의 역할에 충실하였나요? 그렇다면 어떤 행동이 충실했다고 생각하나요?

진행 TIP

- ◆ 자신은 어떤 역할을 했는지 탐색해 본다.
- ◆ 잘된 이유와 잘되지 않은 이유도 점검해 본다.
- ◆ 상황에 따라서 제한시간을 두고 두 모둠을 한 모둠으로 합쳐 실시할 수 있다.
- ◆ 출발할 때 "다녀오겠습니다."를, 도착할 때 "다녀왔습니다."를 외치면서 바통 터치를 하도록 하여 흥미를 유도한다.
- ◆ 집단 리더가 집단원의 역량에 맞게 난이도를 상향/하향 조절할 수 있다.
- ◆ 모둠별 역할 배정은 모둠원끼리 할 수 있도록 한다.

울림

어울림 다이어리 '협동' 편 작성

"지금까지 '협동'에 대해서 알아보았습니다. '협동' 파트를 통해 느낀 점을 어울림 다이어리에 작성하는 시간을 가져 보도록 하겠습니다."

〈진행 방법〉

① 어울림 다이어리의 '협동' 칸에 지금까지 활동을 하면서 느낀 소감을 자유롭게 적고, 마지막에는 '협동이란 ~이다.'라는 한 줄 평을 적도록 한다.

② 한 집단원씩 돌아가면서 '협동' 파트에서 느낀 점을 나누도록 한다.

"아프리카 속담 중에 '혼자 가면 빨리 갈 수 있지만 함께 가면 멀리 갈 수 있다.'라는 말이 있습니다. 친구들은 어디에 초점이 맞추어져 있습니까? 혹시 혼자서 먼 길을 떠나 본 적이 있었습니까? 혼자 빨리 가는 사람은 분명 감당해야 할 그 무언가가 있을 것입니다. 그건 바로 외로움입니다. 함께라서 해낼 수 있었고 함께라서 행복했던 '협동' 파트가 친구들의 삶을 풍요롭게 해 줄 것을 기대하며, 어울림 프로그램의 세 번째 주제인 '협동' 파트를 마무리하도록 하겠습니다."

진행 TIP

- 한 집단원씩 돌아가면서 발표를 할 때 울림을 준 집단원에게는 칭찬 스티커나 칭찬 도장을 통해 프로그램에 대한 동기부여를 해 줄 수 있다.
- 집단원의 투표를 통해 울림을 준 집단원을 선발하고, 다음 활동 때 모둠장을 시켜 자존감을 높여 주며, 다른 집단원에게는 좋은 모델링이 될 수 있게 한다.

정리

파트 마무리 및 다음 파트에 대한 안내

"우리는 '협동' 파트를 통해 '어울림'이라는 것에 대해 생각해 보았습니다. 혼자 하는 것보다 함께했을 때 더욱 즐겁고, 불가능해 보이던 것이 협동을 통해 가능하게 되는 것을 몸과 마음으로 알아보았습니다."

"다음 파트는 '감정'입니다. 감정이란 무엇인지 글이 아닌 몸과 마음으로 체험하면서 함께 느껴 보도록 합시다."

어울림 프로그램

감정

〈목표〉

• 활동을 통해 다양한 감정이 있음을 이해하고 상대방의 입장에서 생각할 수 있도록 한다.

• 언어뿐만 아니라 비언어적인 방식으로도 감정을 인식하고 표현할 수 있음을 이해한다.

〈준비물〉

어울림 다이어리, 감정카드, 백지카드 여유분

〈차시〉

3차시(150분)

오리엔테이션

지난 파트에 대한 내용 요약 및 정리, 이번 파트에 대한 안내

"지난 시간에 우리는 협동에 대해서 알아보았습니다. 다양한 활동을 통해 혼자 하는 것보다 함께 했을 때의 성취감, 즐거움, 끈끈함을 느꼈습니다."

"이번 시간에는 감정에 대해 알아볼 것입니다. 친구들은 감정이 무엇이라고 생각합니까? 감정은 마음입니다. 나의 감정을 잘 표현하고, 친구들의 감정도 잘 알아낼 수 있다면 우리는 조금 더 깊이 있는 관계가 될 수 있을 것입니다."

끌림

감정 이목구비

"'감정' 파트를 본격적으로 들어가기 전에 간단한 활동을 해 보겠습니다. 여러분은 감정 표현을 잘하는 편입니까? 혹은 상대방의 감정을 잘 알아차립니까? 감정을 표현하는 데는 다양한 방식이 있겠지만, 이번에는 오직 표정만으로 감정을 표현해 보도록 하겠습니다."

〈진행 방법〉

① 감정카드를 교실 가운데에 있는 책상 위에 뒤집어서 펼쳐 놓고, 집단원은 책상을 중심으로 둘러앉는다.

② 집단원은 감정카드를 무작위로 한 장씩 가지고 자리로 돌아간다. 이때 자신이 뽑은 감정카드는 친구에게 공개하지 않는다.

③ 뽑은 감정카드를 각자 확인한다. 집단 리더가 정해 주는 순서에 따라 표정으로 표현해 보고 친구들은 어떤 감정인지를 맞혀 본다.

"감정은 표정으로도 어느 정도 드러납니다. 하지만 우리가 느꼈듯이 표정으로만 감정을 표현하기에는 한계가 있습니다. 감정 표현을 자연스럽게 하는 친구도 있고 어색한 친구도 있습니다. 또는 감정을 쉽게 알아차리는 친구도 있고 잘 알아차리지 못하는 친구도 있을 것입니다. 감정에 대해서 우리가 잘 알아챈다면 친구들과 대화를 할 때 친구의 마음을 이해하는 데 더 큰 도움을 얻을 수 있을 것입니다. 이제 다음 활동부터 본격적으로 감정에 대해 몸과 마음으로 알아보는 시간을 가져 보도록 하겠습니다."

진행 TIP

- 상황에 따라 다른 방식으로 진행이 가능하다. 예를 들면, 집단 리더가 표정 연기를 잘할 것 같은 집단원 3~4명을 선출하여 동시에 표정으로 표현할 수 있다.
- 많이 맞힌 집단원에게 감정왕의 칭호를 주고 자존감을 향상시킬 수 있다.
- '감정 이목구비'를 하기 전에 감정카드를 통해 자신의 감정 상태를 점검해 주는 시간을 가질 수 있다.
- 감정을 잘 표현하거나 잘 맞힌 집단원에게는 다음 활동을 할 때 모둠장 역할을 부여할 수 있다.

설렘

감정 오락관

"방금까지는 얼굴 표정만으로 어떤 감정인지 알아보았습니다. 이번에는 얼굴 표정과 함께 자신의 몸짓이나 행동까지 포함하여 감정을 표현해 보도록 하겠습니다."

〈진행 방법〉

① 집단원을 두 모둠으로 나눈 후 한 모둠씩 일렬로 한 방향을 보고 앞 사람의 등이 보이도록 선다.

② 첫 번째 모둠원은 집단 리더가 제시하는 감정카드를 보고 말이 아닌 표정과 몸짓으로만 표현하여 다음 모둠원에게 2초 동안 전달한다.

③ 이를 반복하여 마지막 모둠원이 어떤 감정인지 맞히도록 한다.

④ 마지막 모둠원이 감정을 틀렸을 시 그전 모둠원이 정답을 맞힐 기회를 갖게 되며, 이와 같은 방식으로 앞 모둠원에게 반복한다.

⑤ 정답을 확인하여 점수를 차등지급한다.

⑥ 5번의 감정 오락관을 실시하고 총점이 높은 모둠이 승리한다.

〈감정 오락관〉

"어떠셨습니까? 우리는 A가 B에게 감정을 전달했을 때 B가 자신의 생각과 판단으로 C에게 감정을 전달할 경우, C는 A의 의도와는 다르게 전달받을 수 있다는 것을 알게 되었습니다. 그렇기 때문에 감정을 잘 전달하기 위해서는 상대방의 표정이나 몸짓, 행동까지 포함하여 있는 그대로 전달하고 전달받는 것이 중요합니다."

촉진질문

- □ 이 활동을 통해 느낀 점은 무엇인가요?
- □ 이 활동에서 가장 기억에 남는 장면이 무엇인가요?
- □ 표정으로 했을 때와 몸으로 나타냈을 때의 차이점은 있었나요?
- □ 상대 모둠이 하는 것을 보고 느낀 것이 있나요?
- □ 감정을 말로 표현했다면 어땠을까요?
- □ 자신의 의도와 다르게 전달되었을 때 어땠나요?
- □ 어떻게 하면 자신이 의도한 대로 전달할 수 있을까요?

진행 TIP

- ◆ 집단 전체 인원수에 따라서 2~3개 모둠으로 나눈다.
- ◆ 양 모둠으로 진행 시 경쟁 과열을 방지하기 위해 양 모둠을 한 모둠으로 합해서 진행할 수 있다. 이러한 경우 하나의 감정을 2인 1조로 하여 각자의 역할을 나누어 표현하도록 한다.
- ◆ 감정카드는 양 모둠에 무작위로 나누어 준다.

감정 극장

"난이도를 조금 더 올려 보도록 하겠습니다. 지금부터 자신을 배우라고 생각하고 역할극을 통해 자신의 감정을 표현해 보는 시간을 가져 보겠습니다.

이번 활동에서도 말은 할 수 없습니다. 언어를 제외한 모든 비언어적 메시지를 활용하여 '감정 극장'을 해 보도록 하겠습니다."

〈진행 방법〉

① 집단원의 인원수에 따라 집단원을 3~5인씩 3개 조로 모둠을 나눈다.

② 모둠당 무작위로 감정카드를 5장씩 나누어 준다.
③ 나누어 준 감정카드를 모둠원이 돌아가면서 보고, 해당되는 감정을 느꼈던 순간들에 대해 서로 나눈다.
④ 그중 하나의 에피소드에 해당되는 감정카드를 모둠원이 선정하고 나머지 감정카드는 집단 리더가 수거한다.
⑤ 선정된 감정카드는 공개하지 않고 잘 보관한다.
⑥ 모둠당 10분의 시간 동안 선정한 감정카드로 무언극을 연출한다.
⑦ 상대 모둠은 무언극을 보고 해당 감정카드가 무엇인지 맞힌다.

"역할극을 보면서 어땠습니까? 누가 주인공 역할이었는지 쉽게 파악이 되었나요? 그랬다면 주인공의 감정을 정확하게 알아차렸나요? 만약 누구의 이야기이고, 그때 어떤 감정이었을지를 쉽게 알아차렸다면 그만큼 친구들이 집중을 잘해 주었다는 증거입니다. 이처럼 주인공의 입장에서 어떤 감정을 느꼈을지 고민하고 주의를 기울이는 것이 공감의 시작이라 생각됩니다."

촉진질문

- □ 이 활동을 통해 느낀 점은 무엇인가요?
- □ 이 활동에서 가장 기억에 남는 장면이 무엇인가요?
- □ 누구의 에피소드였나요?
- □ 그 에피소드를 선택한 이유는 무엇인가요?
- □ 주인공이 어떤 상황에 있고, 나머지는 어떤 역할을 했나요?
- □ 그 상황을 재연해 보니 지금은 어떤가요?

진행 TIP

- ◆ 감정을 나누어 주고 이야기할 시간을 10~15분 정도로 충분히 준다.
- ◆ 역할극이 끝난 이후에는 어떤 모둠원의 에피소드였는지 상대 모둠에 확인시켜 준다.
- ◆ 이때 상대 모둠원들이 에피소드에 해당되는 감정카드가 무엇인지에 대해 충분히 이야기를 나누게 하고 통일하여 맞히게 한다.
- ◆ 통일된 감정카드를 맞히게 함으로써 집단원들이 에피소드 상황에 좀 더 몰입할 수 있도록 유도한다.

감정 선물

“앞에서 우리는 표정과 몸짓만으로 감정을 표현해 보았습니다. 우리가 활동을 통해 느꼈듯이 이것만으로 감정을 표현하는 데에는 많은 어려움이 있었습니다. 이제 감정을 마음껏 풀어놓을 수 있는 기회를 드리겠습니다. 감정카드를 활용하여 친구에게 감정을 선물해 주는 시간을 가지겠습니다.”

〈진행 방법〉

① 집단원은 원형으로 앉는다.
② 집단 리더가 집단원 중 1명에게 선물해 주고 싶은 감정카드를 뽑아 주며 감정을 말로 선물해 준다.
③ 집단 리더에게 선물받은 집단원은 선물해 주고 싶은 다른 집단원에게 감정카드를 뽑아 주며 감정을 말로 선물해 준다.
④ 선물받은 집단원은 선물해 주고 싶은 또 다른 집단원에게 감정카드를 뽑아 주며 감정을 말로 선물해 준다.
⑤ 이를 반복한다.
⑥ 마지막 집단원은 집단 리더에게 선물해 주고 싶은 감정카드를 뽑아 주며 감정을 말로 선물해 준다.
⑦ 감정 선물을 받은 느낌에 대해서 이야기 나눈다.

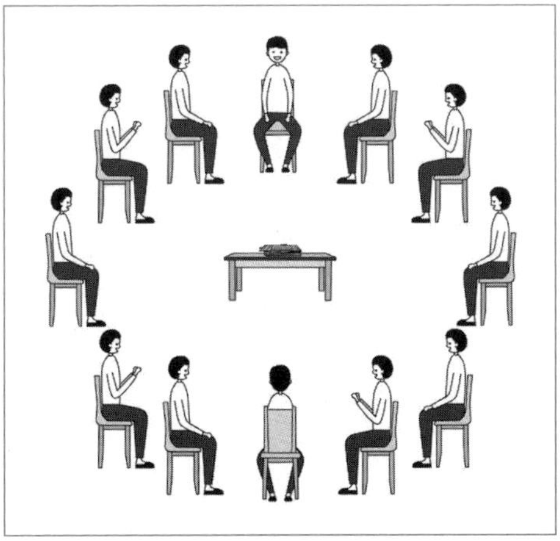

〈감정 선물〉

촉진질문

- □ 이 활동을 통해 느낀 점은 무엇인가요?
- □ 이 활동에서 가장 기억에 남는 장면이 무엇인가요?
- □ 감정 선물을 줄 때 어땠나요?
- □ 감정 선물을 받았을 때는 어땠나요?
- □ 말로 감정을 표현하는 것이 어땠나요?
- □ 표정과 행동으로 표현했을 때와 말로 표현했을 때 어떻게 달랐나요?

진행 TIP

- ◆ 집단 리더는 그동안 집단에서 소외되었거나 적극적이지 않았던 집단원을 찾아 감정카드를 먼저 선물해 준다.
- ◆ 집단 리더가 먼저 시작하면서 집단 리더의 행동을 통해 집단원들에게 모델링이 될 수 있도록 한다.
- ◆ 집단원들이 같은 감정카드를 선택할 수 있기 때문에 백지카드 여유분을 준비하여 깔아 놓는다.

울림

어울림 다이어리 '감정' 편 작성

"지금까지 '감정'에 대해서 알아보았습니다. '감정' 파트를 통해 느낀 것을 어울림 다이어리에 작성하는 시간을 가져 보도록 하겠습니다."

〈진행 방법〉

① 어울림 다이어리의 '감정' 칸에 지금까지 활동을 하면서 느낀 소감을 자유롭게 적고, 마지막에는 '감정이란 ~이다.'라는 한 줄 평을 적도록 한다.

② 한 집단원씩 돌아가면서 '감정' 파트에서 느낀 점을 나누도록 한다.

"감정은 물과 같습니다. 물이 흐르지 않고 고여 있으면 결국 썩게 되듯이, 감정 또한 표현하지 않고 마음속에 담아 두기만 한다면 우리 마음도 결국 썩은 물과 같이 상하게 될 것입니다. 감정 표현이 아직은 서툴고 어렵겠지만 이 시간에 우리가 나눈 웃음과 울음을 통해 마음의 정화를 느꼈으리라 생각됩니다. 어울림 프로그램의 네 번째 주제인 '감정' 파트를 통해 달라진 점이 있을까요? 앞으로는 여기 모인 친구들과 서로의 감정을 주고받으며 마음으로 함께하는 여러분이 되기를 기대하겠습니다."

진행 TIP

- 한 집단원씩 돌아가면서 발표를 할 때 울림을 준 집단원에게는 칭찬 스티커나 칭찬 도장을 통해 프로그램에 대한 동기부여를 해 줄 수 있다.
- 집단원의 투표를 통해 울림을 준 집단원을 선발하고, 다음 활동 때 모둠장을 시켜 자존감을 높여 주며, 다른 집단원에게는 좋은 모델링이 될 수 있게 한다.

정리

파트 마무리 및 다음 파트에 대한 안내

“우리는 ‘감정’ 파트를 통해 ‘어울림’이라는 것에 대해 생각해 보았습니다. 감정은 매우 다양하며, 그만큼 다른 친구들도 여러 가지 감정을 느낄 수 있다는 것을 몸과 마음을 통해 알아보았습니다.”

“다음 파트는 ‘소통’입니다. 소통이란 무엇인지 글이 아닌 몸과 마음으로 체험하면서 함께 느껴 보도록 합시다.”

어울림 프로그램

소통

〈목표〉

- 활동을 통해 관계 내에서 소통의 중요성을 인식한다.
- 자신의 의사소통 방식을 점검하고 효율적으로 소통하는 방법을 배운다.

〈준비물〉

어울림 다이어리, 활동지(어울림 미로), 색 사인펜, 마스킹테이프, 안대, 통통볼 5개, 마그네틱 퍼즐

〈차시〉

3차시(150분)

오리엔테이션

지난 파트에 대한 내용 요약 및 정리, 이번 파트에 대한 안내

"지난 파트에서는 감정이라는 주제로 같은 상황이라도 각자 느끼는 감정이 다를 수 있다는 것을 알아보았습니다. '감정 이목구비'를 통해 표정으로 감정을 표현하고, '감정 오락관'과 '감정 극장'을 통해 행동으로 감정을 표현하고, '감정 선물'을 통해 언어로 감정을 표현해 보며 다양한 방식으로 감정을 표현할 수 있다는 것을 알게 되었습니다."

"이번 시간에는 좋은 관계를 맺는 데 중요한 역할을 하는 소통에 대해 알아볼 것입니다. 소통이란 막히지 않고 오해 없이 서로 통하는 것을 말합니다. 말 한마디를 어떻게 하느냐에 따라 그 사람의 성향을 파악할 수도 있고, 또는 상대방에게 상처나 행복을 줄 수도 있습니다. 어떻게 하면 우리가 소통을 잘할 수 있을지 몸과 마음을 통해서 알아보겠습니다."

끌림

속닥속닥

"'소통' 파트에 본격적으로 들어가기 전에 간단한 활동을 해 보겠습니다. 여러분은 소통이 원활하게 잘되기 위해서는 무엇이 가장 중요하다고 생각하십니까? 이 물음에 대해 생각하면서 친구들이 얼마나 소통을 잘하고 있는지 점검해 보겠습니다. 자, 이제 선생님이 첫 번째 친구에게 귓속말로 하나의 문장을 제시할 것입니다. 들은 문장을 옆 친구에게 전달해서 마지막 친구에게까지 잘 전달되는지를 확인해 보는 활동을 통해 소통의 첫걸음을 시작해 보겠습니다."

〈진행 방법〉

① 원으로 둥글게 앉은 후 집단 리더가 첫 집단원에게 귓속말로 단어나 문장을 말한다.
② 이때 집단 리더는 전달하는 말이 다른 사람에게 들리지 않도록 음악을 크게 틀어 놓는다.
③ 첫 집단원은 다시 옆 집단원에게 귓속말로 들은 것을 전달한다.
④ 이를 반복하여 다시 집단 리더에게 전달하고 전달된 내용을 확인한다.
⑤ 전달하면서 내용이 변화되었는지 또는 정확하게 전달되었는지 확인한다.

"친구들은 평소에 누구랑 가장 소통이 잘된다고 생각합니까? 부모님이라고 말하는 친구도 있을 테고, 친구나 선생님이라고 말하는 친구도 있을 것입니다. 이 중에서 나랑 소통이 가장 잘되는 대상은 누구입니까? 왜 그 사람이랑 소통이 잘된다고 생각합니까? 아마도 나의 말을 잘 들어 주고 이해하고 잘 받아 주었기 때문일 것입니다."

진행 TIP

- 집단원의 역량에 따라 난이도를 조절할 수 있다.
- 제시어는 평소 우리가 잘 알고 있는 단어나 모음을 살짝 바꾼다. 예를 들면, '돌 굴러가유' '막 달라마리아 그러지 말란 말이야' '말없는 발이 천 리 간다' '모든 순간 모든 날 함께해' '세 살 버릇 여덟까지 간다' '새우 싸움에 고래 등 터진다' 등이 있다.
- 나눔 후 본인이 듣고 싶은 대로 해석해서 다른 집단원에게 전달할 수 있다는 것을 집단 리더가 정리해 준다.

설렘

어울림 미로

“만약 앞을 볼 수 없는 상태에서 어딘가를 가야 한다면 목적지에 잘 도착할 수 있겠습니까? 목적지에 잘 도착하려면 누군가의 도움이 있어야 할 것입니다. 결국 이 상황에서 목적지에 도달할 수 있는 유일한 방법은 상대를 믿고 그 사람의 말을 잘 듣는 것입니다. 지금부터 우리는 2인 1조로 어울림 미로라는 활동을 하면서 잘 듣는 연습과 잘 말하는 연습을 하여 소통에 한발 더 다가가 보도록 하겠습니다.”

“앞을 볼 수 없다면 어떻게 목적지에 도달할 수 있습니까? 옆에 있는 친구에게 의지할 수밖에 없을 것입니다. 그리고 친구의 말을 잘 들어야 할 것입니다. 그럼 말하는 친구는 어떻게 해야 합니까? 활동을 통해서 알아봅시다.”

〈진행 방법〉

① 2인 1조로 짝을 지어 앉은 후 활동지(어울림 미로)와 각기 다른 색 사인펜을 나누어 준다.
② A는 안대를 쓰고 사인펜을 잡는다.
③ B는 A가 어울림 미로를 탈출할 수 있게끔 설명해 준다.

“어울림 미로 활동을 하면서 무엇을 느꼈습니까? 그렇습니다. 소통이라는 것은 늘 상대방의 입장에서 말해 주는 것이 핵심입니다.”

촉진질문

- □ 이 활동을 통해 느낀 점은 무엇인가요?
- □ 성공(혹은 실패)했을 때 어땠나요?
- □ 성공(혹은 실패)한 이유는 뭐라고 생각하나요?
- □ 이 활동에서 가장 기억에 남는 장면이 무엇인가요?
- □ 어떻게 하면 수월하게 어울림 미로를 통과할 수 있을까요?
- □ 어떤 부분이 어려웠나요? 혹은 어떤 부분이 쉬웠나요?
- □ 안대를 썼을 때와 설명을 했을 때는 어땠나요?

진행 TIP

- ◆ 2인 1조로 했을 때 두 친구의 활동을 비교하기 위해 다른 색 사인펜을 사용한다.
- ◆ 볼펜이 선에 닿거나 종이에서 볼펜이 떼어질 경우 역할을 교대하고 이를 반복한다.

지뢰밭 대탈출

"지금 이곳을 비무장지대라고 상상해 봅니다. 곳곳에 지뢰가 있습니다. 우리 모둠 중 단 1명이라도 지뢰를 밟게 된다면 우리 모두 부상을 당할 수 있습니다. 모둠원 중 1명은 안대를 착용하고 나머지 모둠원들의 지시에 따라 무사히 지뢰밭을 탈출할 수 있도록 합시다."

〈진행 방법〉

① 집단원을 2개 모둠으로 나누고 서로 마주 보고 앉는다.

② 2개 모둠 사이에 마스킹테이프로 지뢰밭(폭 50cm×길이 150cm)을 만든다.

③ 각 모둠별로 모둠장을 선정하고 먼저 활동할 모둠원을 정한 후 안대를 쓰고 출발선에 대기한다.

④ 상대 모둠은 교실 바닥에 마스킹테이프로 표시한 공간 안에 통통볼(지뢰)을 배치한다.

⑤ 집단 리더의 시작 신호와 함께 모둠원이 안대를 쓴 모둠원에게 지뢰를 피해 도착선까지 도착할 수 있도록 안내한다.

⑥ 실패할 시 상대 모둠에게 기회가 주어지며, 이를 반복한다.

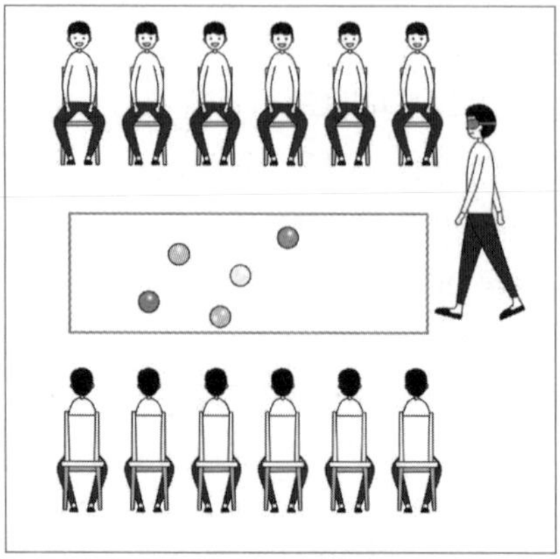

〈지뢰밭 대탈출〉

"무사히 지뢰밭 대탈출에 성공했습니다. 이번 활동을 통해 알 수 있었듯이 설명을 해 주는 친구는 안대를 쓴 친구의 입장을 고려하며 이야기를 해 주어야 하고, 안대를 쓴 친구는 친구의 설명을 잘 듣는 것뿐만 아니라 적극적인 소통을 통해 안정적으로 지뢰밭을 탈출해야 합니다."

촉진질문

- □ 이 활동을 통해 느낀 점은 무엇인가요?
- □ 성공(혹은 실패)했을 때 어땠나요?
- □ 성공(혹은 실패)한 이유는 뭐라고 생각하나요?
- □ 이 활동에서 가장 기억에 남는 장면이 무엇인가요?
- □ 안대를 쓴 친구는 어떻게 해 주었을 때 이해하기 편했나요?
- □ 안대를 쓰고 직접 활동했을 때와 설명을 해 줄 때에는 어떤 차이점이 있었나요?
- □ 소통을 더 잘하기 위한 방법으로는 어떤 것이 있을까요?

진행 TIP

- 집단원의 역량에 따라 지뢰밭 사이즈를 조절하거나 명찰, 풀 등과 같은 작은 도구를 사용하여 난이도를 상향/하향 조절할 수 있다.
- 마지막에는 집단원 전체가 한 모둠이 되어 집단 리더가 설치하는 지뢰밭을 탈출하는 방식으로 진행할 수 있다.
- 통통볼을 지뢰밭에 골고루 배치할 수 있도록 한다.

완성맞춤

"마지막 미션입니다. 스피드, 기억력, 전달력, 조직력까지 골고루 갖추어야만 이 미션에 성공할 수 있습니다. 지금부터 완성맞춤 활동을 시작하겠습니다. 친구들의 완성된 소통의 모습을 보여 주시기 바랍니다."

〈진행 방법〉

① 집단원을 2개 모둠으로 나눈 후 각 모둠별로 순서를 정한다.
② 집단 리더는 출발선을 기준으로 4~5m 떨어진 곳에 마그네틱 퍼즐에 적힌 숫자가 바닥으로 향하도록 하여 무작위로 펼쳐 놓는다.
③ 각 모둠원은 정해진 차례에 따라 1~11까지 숫자가 적혀 있는 마그네틱 퍼즐을 1~11까지 순서대로 찾아온다.
④ 11개의 마그네틱 퍼즐을 다 모은 모둠에게는 미션 그림을 준다.
⑤ 마그네틱 퍼즐을 미션 그림에 맞게 완성한 모둠이 승리한다.
⑥ 2가지의 미션 그림을 동일한 방식으로 2번 진행한다.
⑦ 두 번째 미션 그림으로 진행할 때는 마그네틱 퍼즐을 양 모둠이 교환해서 진행한다.

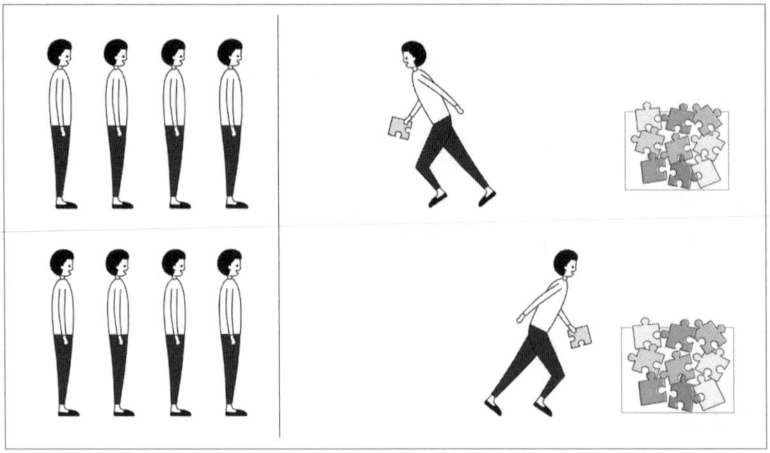

〈완성맞춤〉

"이번 활동에서 '관심' '배려' '협동' '감정' '소통'까지 모두 겸비하여 활동하는 친구들의 모습을 보며 '이것이 어울림이구나.' 하는 것을 느낄 수 있었습니다. 마지막 마무리까지 이 느낌을 잊지 않고 잘 유지해 가 보도록 합시다."

촉진질문

- □ 이 활동을 통해 느낀 점은 무엇인가요?
- □ 성공(혹은 실패)했을 때 어땠나요?
- □ 성공(혹은 실패)한 이유는 뭐라고 생각하나요?
- □ 이 활동에서 가장 기억에 남는 장면이 무엇인가요?
- □ 우리 모둠이 잘한 부분, 부족한 부분이 있다면 무엇인가요?
- □ 이 활동에서 중요하다고 생각하는 것은 무엇인가요?

진행 TIP

- 집단 리더는 모둠원이 순서에 맞게 진행하고 있는지 확인한다. 그렇지 않을 시 해당 모둠에게 패널티를 적용할 수 있다. 예를 들면, 외발뛰기, 오리걸음 등이 있다.
- 모둠원은 조각들을 확인하고 제자리에 둘 수 있도록 한다.
- 한 번 갔을 때 단 한 개의 마그네틱 퍼즐 조각을 뒤집도록 해야 한다.
- 모둠원이 정한 차례대로 돌아가며 진행하고 있는지 주시해야 한다.
- 위치를 잘 말해 주지 못하면 그다음 집단원이 또 그 퍼즐을 선택할 수 있고, 그렇게 되면 한 번의 기회를 잃을 수 있다.

울림

어울림 다이어리 '소통' 편 작성

"지금까지 '소통'에 대해서 알아보았습니다. '소통' 파트를 통해 느낀 것을 어울림 다이어리에 작성하는 시간을 가져 보도록 하겠습니다."

〈진행 방법〉

① 어울림 다이어리의 '소통' 칸에 지금까지 활동을 하면서 느낀 소감을 자유롭게 적고, 마지막에는 '소통이란 ~이다.'라는 한 줄 평을 적도록 한다.

② 한 집단원씩 돌아가면서 '소통' 파트에서 느낀 점을 나누어 보도록 한다.

"우리는 늘 누군가와 소통하며 살아갑니다. 꼭 말로만이 아니어도 표정으로, 몸짓으로, 마음으로 말입니다. 이러한 크고 작은 표현 방식이 나의 가치를 증명합니다. '혀를 다스리는 건 나지만 내뱉어진 말은 나를 다스린다.'라는 말처럼 말입니다. 어울림 프로그램의 다섯 번째 주제인 '소통' 파트를 통해 느낀 점이 있습니까? 친구들이 직접 체험했듯이, 앞으로는 내가 하고 싶은 말보다 상대방이 듣고 싶은 말로, 하기 쉬운 말보다는 상대가 알아듣기 쉬운 말을 해 줄 것을 기대하며 '소통' 파트를 마무리하겠습니다."

진행 TIP

- 한 집단원씩 돌아가면서 발표를 할 때 울림을 준 집단원에게는 칭찬 스티커나 칭찬 도장을 통해 프로그램에 대한 동기부여를 해 줄 수 있다.
- 집단원의 투표를 통해 울림을 준 집단원을 선발하고, 다음 활동 때 모둠장을 시켜 자존감을 높여 주며, 다른 집단원에게는 좋은 모델링이 될 수 있게 한다.

정리

파트 마무리 및 다음 파트에 대한 안내

"우리는 '소통' 파트를 통해 '어울림'이라는 것에 대해 생각해 보았습니다. 원활한 소통이 되기 위해서는 서로가 노력해야 하는 부분들이 있다는 것을 몸과 마음으로 알아보았습니다."

"다음 파트는 '격려'입니다. 격려란 무엇인지 글이 아닌 몸과 마음으로 체험하면서 함께 느껴 보도록 합시다."

어울림 프로그램

격려

〈목표〉

- 활동을 통해 격려와 위로의 중요성을 인식하고 체험한다.
- 격려를 통해 자신감 향상은 물론 친구들과의 관계 회복을 경험한다.

〈준비물〉

어울림 다이어리, 울림페이퍼(도화지 또는 A4용지), 필기구, 음악

〈차시〉

3차시(150분)

오리엔테이션

지난 파트에 대한 내용 요약 및 정리, 이번 파트에 대한 안내

"지난 시간에 우리는 친구와의 관계에서 소통이 얼마나 중요하며, 효율적으로 소통하는 방법에는 어떠한 것들이 있는지 다양한 활동을 통해 알아보았습니다."

"그럼 이번 시간에는 어울림 프로그램의 마지막 파트인 격려에 대해 알아보겠습니다. 격려는 상대방에게 말이나 행동으로 힘과 용기가 솟아나도록 북돋워 주는 것을 말합니다. 우리는 살면서 힘든 순간을 마주하게 됩니다. 그럴 때 누군가의 격려의 말 한마디가 얼마나 큰 힘과 위로가 되는지 모릅니다. 힘들고 지친 친구를 보고 그냥 지나치는 것이 아니라 격려의 말이나 행동을 건넬 수 있는 친구가 진정한 친구가 아닐까 생각됩니다."

끌림

하지 못한 말, 듣고 싶은 말

"친구들은 누군가에게 격려, 위로, 지지를 받은 경험이 있습니까? 무엇이 여러분에게 격려, 위로, 지지가 되었다고 생각합니까? 단순히 그 사람들이 하는 말이 아니라 그들의 진심이 전달되었기 때문일 것입니다."

〈진행 방법〉

① 각 집단원이 책상을 하나씩 갖고 와서 원 모양으로 모두 밖을 향해 앉는다.
② 도화지를 한 장씩 나누어 준 다음 각자 익명으로 자신이 격려, 위로, 지지 받고 싶었던 상황을 떠올려 도화지의 가운데에 적고 테두리를 그려서 구분해 놓는다.
③ 작성이 완료된 후 집단 리더가 도화지를 걷는다.

"3일간 함께한 친구들에게 진심 어린 격려, 위로, 지지를 받는 시간을 가져 보도록 하겠습니다. 진정한 격려, 위로, 지지를 줄 수 있을 때 나 또한 진짜 격려, 위로, 지지를 받을 수 있습니다."

진행 TIP

- 상황을 구체적으로 적을 수 있도록 집단 리더가 여러 가지 상황적 예를 들어 준다.
- 자신의 상황 쓰기를 꺼려하는 집단원이 있다면 자신이 친구들한테 보여 줄 수 있는 내용까지만 쓰도록 이야기한다.
- 위로나 격려를 받고 싶은 상황이 없다면 미래에 대한 걱정과 고민을 적도록 유도할 수 있다.

설렘

토닥토닥 괜찮아

“어느덧 어울림의 마지막 활동입니다. 잠시 눈을 감고 선생님의 이야기를 들으며 집중해 주었으면 좋겠습니다. 친구들은 지금까지 살아오면서 누군가에게서 진심 어린 격려, 위로, 지지를 받아 본 적이 있습니까? 혹은 반대로 친구들 누군가에게 이러한 격려, 위로, 지지를 해 준 적이 있습니까? 선생님은 친구들이 그런 사람이 되었으면 좋겠습니다.”

“누군가에게는 이 시간이 짧은 해프닝으로 끝날지 모릅니다. 하지만 어떤 누군가에게는 지금 이 시간의 활동이 태어나 처음으로 받아 보는 격려, 위로, 지지가 될 수도 있습니다. 지금 이 자리에서 여러분이 그러한 격려, 위로, 지지를 해 줄 수 있는 사람이라는 것을 마음에 새기며 활동을 시작하겠습니다.”

〈진행 방법〉

① 집단 리더는 모든 집단원의 도화지를 무작위로 섞은 후 다시 집단원에게 돌려준다.
② 전달받은 집단원은 받은 종이의 내용을 읽고, 1분 동안 그에 대한 격려나 위로의 말을 작성한다.
③ 집단 리더는 1분이 지나면 모든 집단원이 동시에 오른쪽 방향으로 한 칸씩 종이를 넘길 수 있도록 안내한다.
④ 자신의 활동지를 받았을 경우에도 마찬가지로 자기 자신에게 격려나 위로의 말을 적도록 한다.
⑤ 종이가 한 바퀴를 돌아 모든 집단원의 작성이 완료되면 자신의 활동지를 찾아 원래의 자리로 돌아와 앉는다.

“바로 다음 활동으로 넘어가도록 하겠습니다.”

진행 TIP

- 집단원에 따라 빨리 쓰는 경우도 있고 느리게 쓰는 경우도 있어 1분이라는 시간을 두고 동시에 진행될 수 있도록 하는 것이 관건이다.
- 비난의 말이나 욕, 장난의 말은 금지하도록 집단 리더가 시작 전에 공지한다.

나도 오늘은 주인공

"지금부터 친구들이 적어 준 격려의 글들을 읽어 보는 시간을 잠시 가져 보도록 하겠습니다."

"친구들이 적어 준 글들이 각자에게 격려, 위로, 지지를 느끼게 해 주었습니까? 친구들이 진심을 다해 적어 준 말 하나하나가 모두 소중하게 느껴질 것이라 생각합니다. 자, 이 소중한 말들 중에서 자신에게 가장 의미 있게 다가온 글 하나만 선택해 표시하도록 하겠습니다."

"준비되었으면 이제부터 친구들이 이 자리의 주인공이 될 것입니다."

〈진행 방법〉

① 격려, 위로, 지지받고 싶은 집단원을 집단 리더가 선별한다.
② 선별된 집단원은 가운데에 놓여 있는 의자에 앉고, 나머지 집단원은 가운데를 중심으로 둘러서도록 한다.
③ 해당 집단원이 마음에 든다고 선택한 격려, 위로, 지지의 말을 앉은 집단원을 향해 다 같이 3번 외쳐 준다.

"처음에는 그저 빈 종이에 불과했던 것이 지금은 값으로 매길 수 없을 만큼 소중한 울림페이퍼가 되었습니다. 남은 시간 동안 이렇게 느낀 감정을 잘 유지하기 위해서는 어떻게 해야 합니까? 그렇습니다. 지금 머릿속에 떠오르고 마음속에 느껴지는 것을 잊지 마시고 그대로 실천하시면 좋겠습니다."

진행 TIP

- 집단 리더는 집단 역동에 맞게 시간 조율에 주의해야 한다.
- 자연스럽게 포옹할 수 있는 분위기를 조성한다.
- 진지하게 임할 수 있도록 집단 리더가 잘 이끌어 간다.
- 첫 번째 집단원은 집단 리더가 직접 선택하도록 한다.

울림

어울림 다이어리 '격려' 편 작성

"지금까지 '격려'에 대해서 알아보았습니다. '격려' 파트를 통해 느낀 것을 어울림 다이어리에 작성하는 시간을 가져 보도록 하겠습니다."

〈진행 방법〉

① 어울림 다이어리의 '격려' 칸에 지금까지 활동을 하면서 느낀 소감을 자유롭게 적고, 마지막에는 '격려란 ~이다.'라는 한 줄 평을 적도록 한다.

② 한 집단원씩 돌아가면서 '격려' 파트에서 느낀 점을 나누어 보도록 한다.

"'자세히 보아야 예쁘다. 오래 보아야 사랑스럽다. 너도 그렇다.' 나태주 시인의 「풀꽃」이라는 시입니다. 여기 모인 우리의 모습을 둘러봅시다. 첫 만남에서의 느낌과 달라진 점이 있습니까? 그렇습니다. 자세히 보고 오래 보면 너나 할 것 없이 예쁘고 사랑스럽습니다. 내 눈에 맞아서가 아니라, 내 마음에 들어서가 아니라, 그저 존재 자체만으로 소중한 것이 바로 여러분입니다. 어울림 프로그램의 마지막 주제인 '격려' 파트를 통해 무엇을 느끼셨습니까? 친구들의 짧은 한마디로 위로받고 용기를 얻었습니까? 잊지 마세요! 여러분의 한마디가 누군가에게 큰 힘이 될 수 있다는 것을 말입니다. 우리 모두가 그런 존재입니다."

진행 TIP

- 한 집단원씩 돌아가면서 발표를 할 때 울림을 준 집단원에게는 칭찬 스티커나 칭찬 도장을 통해 프로그램에 대한 동기부여를 해 줄 수 있다.

정리

프로그램 전반에 대한 마무리

"우리는 '격려' 파트를 통해 '어울림'이라는 것에 대해 생각해 보았습니다. 친구들에게서 받은 격려의 말 한마디가 아주 큰 힘과 위로가 된다는 것, 또한 나의 짧은 말 한마디로 인해 누군가는 새로운 희망과 용기를 받을 수 있다는 것을 몸과 마음으로 알아보았습니다."

"어울림 프로그램은 여기까지입니다. 3일 동안 선생님을 잘 따라와 주어서 고맙고, 모두 수고 많았습니다. 우리는 어떻게 하면 좋은 친구가 될 수 있을지에 대해 '관심' '배려' '협동' '감정' '소통' '격려' 파트를 통해서 알아보았습니다. 6가지의 파트를 하면서 느꼈던 것을 잘 간직하고 남은 학교생활을 즐겁게 보냈으면 좋겠습니다."

어울림 프로그램

어울림 다이어리

이름: ____________

THE 後

프로그램을 통해 변화되었으면 하는 자신의 모습을 그리거나 글로 작성해 보세요.

어울림 다이어리 | 관심

지금까지 활동을 하면서 느낀 소감을 자유롭게 적어 보세요.

관심이란 ____________________이다.

어울림 다이어리 배려

지금까지 활동을 하면서 느낀 소감을 자유롭게 적어 보세요.

배려란 ____________________이다.

어울림 다이어리 | 협동

지금까지 활동을 하면서 느낀 소감을 자유롭게 적어 보세요.

협동이란 ______________________ 이다.

어울림 다이어리 감정

지금까지 활동을 하면서 느낀 소감을 자유롭게 적어 보세요.

감정이란 ____________________이다.

어울림 다이어리 소통

지금까지 활동을 하면서 느낀 소감을 자유롭게 적어 보세요.

소통이란 ____________________ 이다.

어울림 다이어리 격려

지금까지 활동을 하면서 느낀 소감을 자유롭게 적어 보세요.

격려란 ____________________이다.

어울림 프로그램 부록 〈활동지〉

어울림 미션

이름: ________

이렇게 하세요		이름
1	상대방의 장점 3가지를 찾아 주세요.	
2	지금 자신의 기분을 몸으로 표현하고 설명하세요.	
3	상대방이 시원하다고 할 때까지 안마해 주세요.	
4	상대방과 하이파이브를 하고 "우리 더 친하게 지내자!"라고 크게 말하세요.	
5	자신과 혈액형이 같은 사람을 찾으세요.	
6	상대방을 안고 '잘해 보자' 하며 등을 토닥여 주세요.	
7	상대방과 함께 PT 체조를 5번 하세요.	
8	상대방에게 "내가 만난 사람 중에 당신이 가장 멋져요!"를 3번 외치세요.	
9	자신의 가장 자신 있는 신체 부위를 설명하세요.	
10	상대방과 함께 오리걸음을 10걸음 걸으세요.	
11	상대방의 외모 중에서 돋보이는 부분을 찾아서 칭찬해 주세요.	
12	자신의 가장 섹시한 포즈를 취해 보세요.	
13	상대방에게 자신의 장점 3가지를 크게 외쳐 보세요.	
14	상대방을 업고 다섯 발자국 걸으세요.	
15	상대방의 이름을 3번 부르고 자신의 명찰을 바꿔 다세요.	

Pick Me Up

모둠 이름: ________

우리 모둠에서!!		이름
1	손톱이 가장 긴 친구는	
2	기억력이 가장 좋은 친구는	
3	성대모사를 잘하는 친구는	
4	묵찌빠를 잘하는 친구는	
5	고음을 잘 내는 친구는	
6	힘이 가장 센 친구 & 가장 가벼운 친구는	
7	숨을 가장 오래 참을 수 있는 친구는	
8	막춤을 잘 추는 친구는	
9	텔레파시가 가장 잘 통하는 커플은	
10	구구단 게임을 잘하는 친구는	
11	초성퀴즈를 잘하는 친구는	
12	균형 감각이 가장 좋은 친구는	
13	눈(目)싸움을 가장 잘하는 친구는	
14	남을 잘 웃기는 친구는	
15	웃음을 잘 참는 친구는	

★ 반드시 모든 모둠원의 이름이 들어가야 합니다.

교실로 …

오늘은 13일의 금요일, 현재 시간은 밤 9시 정각입니다. 두둥!

눈을 떠 보니 우리는 학교 과학실에 갇혀 있는 상황. 헉!
현재 복도와 학교 운동장에는 아직 잠에서 깨어나지 않은 좀비들이 널려 있습니다.
아직 좀비들은 우리의 존재를 파악하지 못한 것 같군요. 다행입니다.

자, 이제 '교실로…' 활동지에 나와 있는 도구들을 활용하여 우리 반 교실까지
무사히 이동해야만 살아남을 수 있습니다.

여러분은 친구들과 잘 의논하여 생존하기를 바랍니다. 이 활동의 핵심은
협동임을 명심하시길……. 그럼 건투를 빕니다.

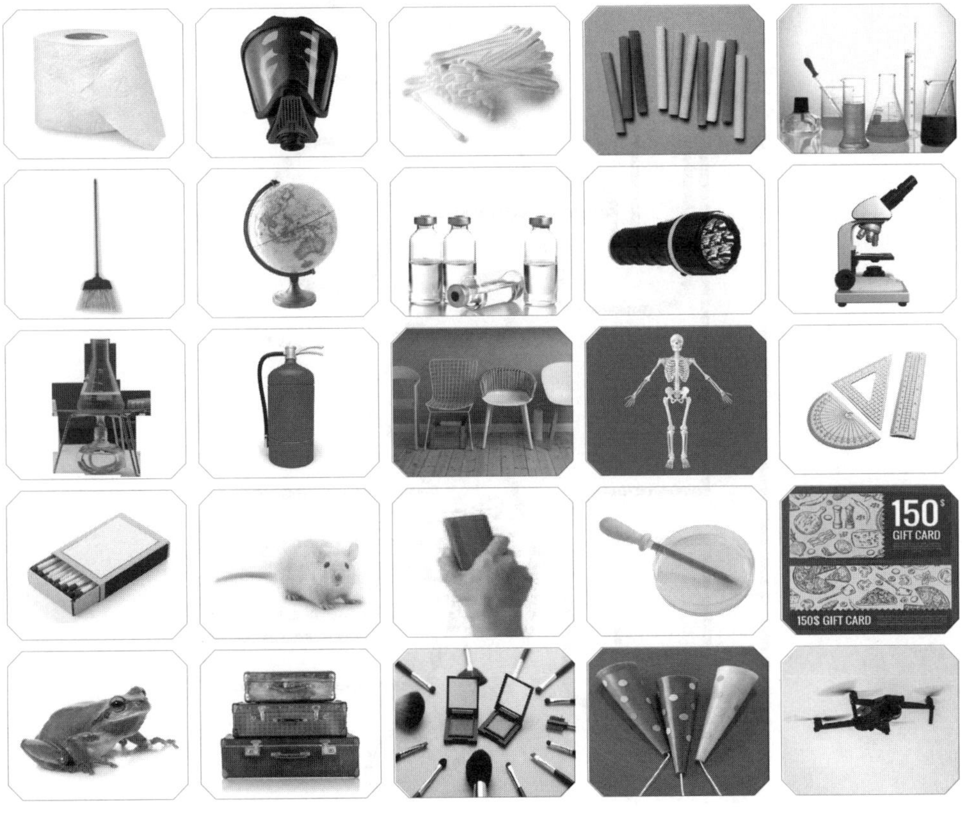

어울림 미로

뻔뻔학애 프로그램

프로그램 개요

일차	차시	파트	주제	목표	활동 내용
1일	1~2차시	동기부여	오리엔테이션	• 집단 소개 및 집단원의 응집력을 형성한다.	• 오리엔테이션 & 규칙 정하기
	3~4차시		동기	• 진로에 대한 동기부여를 확장한다.	• 동기부여 영상 시청 • 진로는 [ ] 이다 • 내 꿈 변천사 • 1 to 10 • 시간일기 1
	5~6차시		직업	• 관심 있는 직업 분야에 대한 확장을 도모한다.	• 직장에 가면♬ • 직업 빙고
2일	1~2차시	자기이해	성격	• 자신의 성격과 진로를 연결 지어 탐색한다.	• Who Am I • 뻔뻔학애 창
	3~4차시		흥미	• 자신의 흥미와 진로를 연결 지어 탐색한다.	• 나만의 시간표
			적성	• 자신의 적성과 진로를 연결 지어 탐색한다.	• 숨은 재능 찾기
	5~6차시		가치	• 자신의 가치와 진로를 연결 지어 탐색한다.	• 직업 가치관 월드컵
			추천	• 자신에게 어울리는 직업을 추천받는다.	• 이름 모를 잡초(Job Choice)
3일	1~2차시	합리적 의사결정	결정	• 자신의 다양한 영역을 종합하여 원하는 진로를 결정한다.	• 진로 결정 깔때기
	3~4차시		계획	• 결정한 진로를 실현하기 위한 구체적인 장기 계획을 세워 본다. • 구체적인 진로의 방향에 대해 단기적인 계획을 세워 본다.	• 뭣이 중헌디? • 미래 이력서 • Big Picture • 시간일기 2
	5~6차시		실행	• 현재의 '나'가 미래의 '나'의 모습을 그려 보며 진로정체감 형성 및 자기효능감 향상을 도모한다.	• 미래의 나에게 온 편지

뻔뻔학애 프로그램

동기부여

〈목표〉

- 프로그램의 목표를 이해하고 집단상담에 대한 기대감을 갖는다.
- 자신의 진로에 관심을 갖고 진로 선택에 대한 동기를 부여한다.
- 자신의 진로에 대해 탐색해 보며 직업 세계에 대한 이해의 폭을 확장한다.

〈준비물〉

워크북, 필기도구, 채색도구(선택), 칠판

〈차시〉

6차시(300분)

오리엔테이션

집단 리더 소개

"안녕하세요. 우리는 앞으로 3일 동안 '뻔뻔학애' 프로그램으로 함께할 것입니다. 저는 친구들과 함께할 ○○○입니다. 만나서 반갑습니다. 늘 그렇듯 첫 만남은 긴장도 되지만 설렘도 있습니다. 지금은 낯설고 어색하지만 3일 뒤면 달라지게 될 친구들의 모습을 생각하니 기대가 됩니다. 저는 친구들을 몸과 마음으로 만날 준비가 되어 있는데, 친구들은 어떻습니까?"

프로그램 오리엔테이션 실시

"자, 친구들, 진로란 무엇이라고 생각하십니까? 혹시 자신의 진로를 결정한 친구들이 있습니까? 진로를 결정했다면 어떻게 결정할 수 있었습니까? 진로를 결정할 때 어떠한 것들을 고려해야 합니까? 한 가지 이유만으로 진로를 선택하는 사람은 없을 것입니다. 여러 가지 사항을 고려하며 진로를 선택하게 될 것입니다. 이를테면 자신의 관심, 성격, 흥미, 적성, 가치, 현실 가능성 등과 같이 다양한 것을 종합해서 결정해야 합니다. 그러기 위해서는 자신에 대한 이해가 선행되어야 할 것입니다."

"앞으로 3일 동안 우리는 다양한 직업 세계에 대한 이해의 폭을 넓힐 수 있을 뿐만 아니라, 자신의 진로정체감에 대해서도 알아볼 것입니다. 이러한 모든 것을 고려해서 자신에게 가장 잘 맞는 직업이 무엇인가를 결정해 보는 기회를 갖게 될 것입니다. 이번 활동을 통해 선택하게 되는 직업이 앞으로 친구들의 진로가 될 수도 있고, 아닐 수도 있습니다. 어쩌면 '뻔뻔학애' 프로그램의 최종 목적은 진로 선택이 아닌, 진로를 선택할 때 다양한 측면을 종합적으로 고려하는 방식을 습득하는 것일지도 모르겠습니다. 그리하여 언젠가 친구들이 자신의 진로를 결정해야 할 때 도움이 될 수 있기를 기대해 봅니다."

진행 TIP

◆ 이 활동의 핵심은 프로그램의 목적, 흐름, 기대효과 등에 대한 안내를 통해 집단원에게 프로그램에 대한 동기를 불어넣는 것이 핵심이다. 따라서 집단 리더는 집단원에게 적절한 자신만의 소개법을 만들어야 한다.

프로그램 규칙 정하기

"친구들, 우리 모두 이 프로그램을 통해 자신의 진로 선택에 대한 도움을 받기 위해서는 어떠한 마음가짐으로 임해야 할까요? 또한 여기 모인 친구들 모두가 의미 있고 도움이 될 수 있는 시간이 되기 위해서는 어떻게 해야 할까요? 프로그램에 잘 참여해야 합니다. 지금부터 우리가 모두 프로그램에 적극적으로 참여할 수 있도록 우리만의 규칙을 만들어 보도록 하겠습니다."

〈진행 방법〉

① 집단원이 자발적으로 프로그램에 대한 규칙을 정하도록 안내한다.
② 집단 리더는 프로그램에 적절한 규칙들을 선별한다.
③ 프로그램을 진행하는 동안 규칙을 상기시킬 수 있도록 칠판에 적어 놓는다.

"이런 규칙이라면 프로그램을 의미 있고 즐겁게 할 수 있을 것 같습니다. 선생님은 친구들이 정한 규칙을 프로그램이 끝날 때까지 잘 지켜 줄 것이라고 믿습니다. 그럼 이제부터 본격적으로 '뻔뻔학애' 프로그램을 시작해 보도록 하겠습니다."

진행 TIP

- 이 활동의 핵심은 집단원이 프로그램을 안정감을 느끼고 편안하게 참여하게 하는 것이다.
- 규칙을 정할 때는 가급적 모든 집단원이 동의하는 것을 원칙으로 한다.
- 지키기 어려운 규칙이나 비현실적인 규칙들은 지양해야 한다. 예를 들면, '집단 장소 밖으로 내보내기' '떠들지 않고 한마디도 하지 않기' 등이 이에 해당한다.
- 좋은 규칙의 예로는 '경청하기' '비난 및 욕하지 않기' '할 때는 하고 놀 때는 놀기' 등이 있다.
- 또한 집단 규칙을 지키지 못할 시 패널티를 부여하는 것도 프로그램 효과를 높일 수 있는 방법이다. 예를 들어, 규칙을 어긴 집단원에게 벌점을 부여하여 집단 규칙을 잘 지킬 수 있도록 유도할 수 있고, 반대로 적절하게 참여하는 집단원에게 보상을 줄 수 있다.

동기

동기부여 영상 시청

"친구들은 꿈을 꾸시겠습니까, 꿈을 이루시겠습니까? 지금 이 자리에 어떠한 마음으로 함께하고 있습니까? 3일 뒤에 친구들이 원하는 모습이 있고, 정말로 그 모습대로 되기를 원한다면 지금 이 순간 집중해 주시기 바랍니다. 친구들이 하고자 하는 동기가 친구들이 소망하는 그 꿈에 도달할 수 있는 원동력이 됩니다."

"자, 그럼 선생님이 준비한 영상 하나를 보고 난 후 함께 이야기를 나누어 보도록 합시다."

〈진행 방법〉

① 동기부여 영상을 시청한다.

② 영상을 보고 집단원들과 느낀 점에 대해 이야기를 자유롭게 나눈다.

"선생님이 하고 싶은 말이 이 영상에 다 있었습니다. 선생님은 친구들이 꿈을 이루는 게 아닌 꿈이라도 꿔 보았으면 하는 마음입니다. 꿈이 있으면 그 꿈을 이루기 위해 움직일 것입니다. 그리고 자신의 인생은 다른 누군가가 대신 살아 주지 않습니다. 가만히 있는다고 해서 저절로 꿈이 이루어지는 것도 아닙니다. 그러니 조금이라도 몸부림을 쳐야 합니다."

진행 TIP

- 이 활동의 핵심은 이 프로그램 및 자신의 진로에 대한 동기를 부여하는 것이다.
- 집단 리더는 집단원이 이 프로그램에 적극적으로 임할 수 있는 분위기를 만들어야 한다.
- 영상을 시청할 때에는 중간중간에 일시정지를 한 후 집단 리더가 영상에 대한 설명을 함으로써 영상 속 의미를 집단원들이 이해할 수 있게끔 풀어 주는 것이 중요하다.
- 또한 집단원들과 영상에 대한 느낌을 나눈 후 영상을 재시청하는 것도 프로그램의 동기를 부여하는 데 도움이 된다.

진로는 ______ 이다

“자, 다 함께 ‘진로는 ______ 이다’ 페이지를 펴 보겠습니다. 네모 칸에 들어갈 말에는 정답이 있는 것이 아니니 자유롭게 진로에 대해 생각해 보신 후에 작성해 주시기 바랍니다. 단어 혹은 문장으로 적으셔도 됩니다.”

“다 적었으면 돌아가면서 발표해 보도록 하겠습니다.”

〈진행 방법〉

① 집단원은 둥글게 앉는다.
② ‘진로는 ______ 이다’의 네모 칸을 채워 보도록 한다.
③ 집단원이 돌아가면서 자신이 쓴 것을 읽고, 그렇게 작성한 이유도 함께 이야기할 수 있도록 한다.

“친구들이 생각하는 각자의 진로에 대한 의미들을 잘 살펴보았습니다. 진로는 좁은 의미로는 진학, 취업이지만, 넓은 의미로는 한 사람의 일생 그 자체인 것 같습니다.”

진행 TIP

- 이 활동의 핵심은 현재 집단원의 진로에 대한 태도와 상태를 점검하는 것이다.
- 자유롭게 발표할 수 있는 분위기를 만들어야 한다.
- 집단 리더는 집단원의 답변을 듣고, 집단원의 진로에 대한 태도와 현재 상태를 점검해야 한다.

내 꿈 변천사

[STEP 1]

“친구들이 기억하는 자신의 첫 번째 꿈은 무엇이었습니까? 선생님의 첫 꿈은 ○○○이었습니다. 지금 돌이켜 생각해 보면 참 부끄럽기도 하고 민망하기도 합니다. 지금부터 자신이 꿈꿔 왔던 것들을 기억해 내어 작성하는 시간을 가져 보겠습니다. 살면서 단 하루로 끝났던 꿈이었다 하더라도 좋습니다. 큰 꿈이 아니어도 좋습니다. 꿈을 너무 거창하게 생각하지 않아도 됩니다. 무언가 바라는 바가 있었던 기억들을 떠올려 보시고 자유롭게 적어 보도록 하겠습니다."

"다 적으셨으면 다음의 네모 칸에 옮겨 보겠습니다. 옮길 때는 친구들이 적은 꿈을 이루기 위해 생각하고 고민했던 시간들, 그리고 이루기 위해 얼마만큼 노력했는지를 생각해서 분류해 보도록 하겠습니다."

〈진행 방법〉

① 집단원의 지금까지의 꿈들을 이야기한다.
② '내 꿈 변천사 STEP 1' 페이지의 상단 네모 칸에 과거 자신의 다양한 꿈과 바람들을 작성한다.
③ 집단원은 작성된 내용을 하단에 '고민'과 '노력'을 고려하여 분류해서 옮겨 적는다.
④ 집단 리더는 집단원들이 분류표를 보고 느낀 소감을 나누도록 한다.

"네모 칸에 옮겨 놓고 보니 선명하게 드러나는 부분이 보입니까? 자신이 바라는 것을 이루기 위해 더 많이 고민하고 노력해 왔던 순간이 떠오릅니까? 이로써 그 꿈들이 친구들에게 더 가까이 있다는 것을 느낄 수 있을 것입니다."

진행 TIP

- 이 활동의 핵심은 과거의 꿈을 이루기 위해 고민하고 노력했는지 등을 알아보고, 꿈을 이루기 위해 진심으로 고민하고 노력하는 태도가 중요하다는 것을 깨닫게 해 주는 것이다.
- 또한 지금까지 진지하게 고민하거나 노력하지 못했던 꿈들은 쉽게 포기했을 것이다. 따라서 꿈에는 고민과 노력이 필요하다는 것을 느끼게 해 준다.
- 집단 리더는 집단원들의 다양한 꿈을 펼칠 수 있도록 자기개방을 통해 모델링 역할을 해 주는 것이 필요하다.
- 다양한 꿈이 나오지 않는 집단원일 경우, 살면서 갖는 크고 작은 바람들도 적을 수 있도록 하여 많은 내용이 나올 수 있도록 유도해야 한다.

[STEP 2]

"이어서 다음 페이지 '내 꿈 변천사 STEP 2'를 작성하도록 하겠습니다. 앞서 작성했던 페이지를 활용해서 총 5개의 꿈을 선택해 봅시다. 그리고 가급적 시간 순서대로 꿈을 적어 보고, 그 꿈을 꾸게 되었던 이유도 적어 보도록 하겠습니다."

"참고로, 마지막에 있는 '다음은?'에 들어갈 꿈은 프로그램 후반부에 작성할 예정이니 빈칸으로 두시면 되겠습니다."

〈진행 방법〉

① '내 꿈 변천사 STEP 1' 페이지의 꿈들 중 5가지의 꿈을 선택한다.
② 선택한 5가지 꿈을 '내 꿈 변천사 STEP 2' 페이지에 시간순으로 작성하고 그 이유도 함께 작성한다.
③ '내 꿈 변천사 STEP 2'의 마지막 부분인 '다음은?' 칸에는 작성하지 않도록 안내한다.
④ 집단원이 돌아가면서 자신이 쓴 것을 읽고, 그렇게 작성한 이유도 함께 이야기할 수 있도록 한다.

"친구들의 꿈의 변천사에 대해 알아보았습니다. 각자의 꿈을 시간순으로 살펴보며 어떤 꿈을 꾸었고, 어떻게 해서 그 꿈을 포기하게 되었는지 등을 정리해 보는 시간이었습니다. 여러 시행착오를 거치면서 여기까지 오신 여러분이 대단합니다. 앞으로 여러 가지 활동을 통해서 다음 나의 꿈은 무엇인지 찾아보도록 하겠습니다."

진행 TIP

- 이 활동의 핵심은 지금까지의 집단원의 꿈의 흐름을 파악하고, 그 꿈을 꾸게 된 이유 등을 탐색하여 진로 방향성을 점검하는 것이다.
- 또한 과거의 꿈을 포기하게 된 계기와 이유도 함께 탐색하면 집단원을 이해하는 데 도움이 될 것으로 판단된다.
- STEP 2에서 명확한 이유가 없어도 괜찮다. 나중에 적게 될 꿈 및 이유와 비교가 될 수 있도록 하는 것이 중요하다.
- 현재 확고한 꿈을 가진 집단원이 있을 수도 있다. 그 집단원은 이후의 활동들을 통해 현재 정해 놓은 꿈과 프로그램 과정 중에 결정된 꿈을 비교할 수 있다.

1 to 10

"이 시간에는 친구들이 지금까지 살아오면서 경험해 온 수많은 성공 경험에 대한 이야기를 나누어 보도록 하겠습니다. '성공'이라는 단어를 들었을 때 어떤 생각이 드십니까? 무엇이 성공이고, 성공의 기준은 무엇인지 고민이 될 수 있습니다. 그래서 워크북에 간단한 예시들을 적어 두었습니다. 성공의 기준은 따로 정해져 있지 않습니다. 각자 스스로 생각했을 때 성공이라고 생각되는 것이라면 무엇이든 괜찮습니다. 그럼 지금부터 한 사람씩 돌아가면서 자신의 성공 경험 한 가지씩만 이야기해 보도록 하겠습니다."

"그럼 이번에는 성공의 수준을 친구들과 비교해 보겠습니다. 친구들끼리 의논할 수 있는 시간을 드리겠습니다. 첫 친구부터 마지막 친구까지 한 바퀴를 돌아오는 데 낮은 수준에서 높은 수준으로 단계가 올라가야 합니다. 자신의 성공 경험을 변경하여도 되고, 자리를 바꾸어 앉아도 됩니다. 자, 그럼 시작!"

"성공의 수준을 알아보았습니다. 그럼 이제 워크북을 작성해 보도록 하겠습니다. 워크북에 작성할 때에는 모든 성공 경험이 자신의 것이어야 합니다. 10가지의 성공 경험을 작성한 후에 단계 칸에 1부터 10까지 가장 낮은 수준부터 높은 수준을 정하면 됩니다. 수준의 기준은 본인이 정하면 됩니다."

〈진행 방법〉

① 집단원은 1명씩 돌아가며 자신의 성공 경험을 1가지씩 이야기한다.
② 집단원은 다른 집단원끼리 의논하여 성공 수준을 순위별로 1순위부터 마지막 순위까지 정해 자리에 앉도록 한다.
③ 집단원은 '1 to 10' 페이지에 자신의 성공 경험 10가지를 작성한다.
④ 집단원은 작성한 성공 경험을 1~10단계순으로 분류해 본다.
⑤ 집단원은 돌아가면서 분류표를 보고 느낀 소감을 나누도록 한다.
⑥ '다음은?' 칸에 자신의 다음 성공 계획을 설정해 본다.

"친구들과 함께 이야기를 나누면서 어떠셨습니까? 선생님은 친구들이 지금까지 살아오는 동안 수많은 성공 경험을 통해 조금씩 성장해 왔다는 것을 느꼈으면 하는 바람입니다. 그리고 앞으로 더 많은 것을 해낼 수 있다는 자신감과 희망을 가졌으면 좋겠습니다."

진행 TIP

- 이 활동의 핵심은 성공이라는 개념에 대한 재인식과 그동안 이루어 온 성공이 많다는 인식을 통해 자기효능감을 높이는 것이다.
- '성공'이라는 말 때문에 사소한 것은 무시되지 않도록 해야 한다. 누구와 비교하지 않고, 아주 큰 성공 경험만을 추구하기보다는 작지만 값진 자신의 경험을 탐색하는 것이 중요하다.
- 집단 리더는 자기 개방을 통해 집단원들이 성공 경험을 풍부하게 작성할 수 있도록 독려해야 한다.
- 단계를 정해 보는 이유는 작은 성공 경험을 탐색하기 위한 수단임을 명심해야 한다.
- 1~10단계를 정하기 어려운 집단원이 있을 경우, 집단 리더는 단계를 무시하고 10개만 채우는 활동으로 진행할 수 있도록 융통성을 발휘해야 한다. 다만 성공 경험이 많이 나올 수 있도록 유도하는 것이 중요하다.

시간일기 1

"친구들의 하루는 무엇으로 시작해서 무엇으로 끝이 납니까? 자신의 하루 일과에 대해 얼마나 만족하고 계십니까? 하루 중 가장 많은 시간을 투자하고 있는 것은 무엇입니까? 하루 일과 중 가장 소중한 시간은 언제입니까? 반대로 중요하지도 않은 일로 허비하고 있는 시간은 얼마나 됩니까? 친구들은 주어진 시간을 잘 활용하고 있습니까?"

"이번 시간에는 '시간일기'를 써 보도록 하겠습니다. 월요일부터 일요일까지, 그리고 0시부터 24시까지 모양이나 색깔을 활용해서 평소에 어떻게 시간을 보내고 있는지 체크해 보도록 하겠습니다. 아마 친구들 가운데 대부분이 오전 9시부터 오후 4시 정도까지는 학교에 있을 것입니다. 그 이전과 이후의 시간들을 주로 무엇을 하면서 보내는지 생각해 보는 것이 중요할 것입니다. 나의 일주일은 어떤지 알아봅시다."

"자신의 시간일기를 써 보고 난 후 느낀 점이 있습니까? 여러분은 하루 일과 중 수면 시간과 학교에 있는 시간 그리고 학원에 있는 시간이 많은 부분을 차지하고 있을 것입니다. 이 시간들을 다른 것으로 대체하기에는 어려움이 있습니다. 그 외의 시간들은 무엇으로 채우고 있습니까? 그 시간들을 어떻게 사용하느냐에 따라 훗날 친구들의 모습이 달라지지 않을까 기대합니다."

〈진행 방법〉

① '시간일기 1' 페이지에 자신의 일주일을 어떻게 보내는지 작성한다.
② 시간별로 채색도구, 기호 혹은 도형을 활용하여 표현하도록 한다.
③ 작성을 완료한 자신의 '시간일기 1'을 보고 느낀 소감을 나누도록 한다.

"현재 자신에게 주어진 시간을 어떻게 쓰고 있는지 점검해 보았습니다. 일주일이라는 시간을 적절하게 활용하는 친구도 있고, 게임에만 투자하는 친구, 개인 시간 없이 너무 공부에만 투자하는 친구 등 다양한 모습이 있다는 것을 알게 되었습니다. 지금은 자신이 이렇게 시간을 쓰고 있지만 이 시간 이후부터는 달라지겠다는 마음이 드셨을 것입니다."

"시간을 잘 활용하지 못하는 이유 중 하나는 목표가 없기 때문입니다. 목표를 정해 놓으면 그것을 이루기 위해 노력을 할 것입니다. 목표를 세우는 단계는 프로그램 후반부에 있으니 끝까지 가 봅시다."

진행 TIP

- 이 활동의 핵심은 평소 자신이 꿈을 위해서 시간을 얼마나 투자하고 있는지 등 자신의 현재 상태를 객관적이며 시각적으로 점검하는 것이다.
- 현재 생활 패턴을 구체적이며 있는 그대로 드러내는 것이 중요하다.
- 채색도구를 사용하여 시각적으로 한눈에 들어올 수 있도록 하는 것이 중요하다.
- 후반부에 '시간일기 2' 활동이 있기에 너무 많은 작업을 할 필요는 없다.

직업

직장에 가면 ♬

"이번 시간에는 우리가 알고 있는 직업세계에 대한 시각을 확장해 보도록 하겠습니다. 지금 이 순간에도 세계 각 곳에서는 새로운 직업이 생겨나기도 하고 사라지기도 합니다. 친구들은 셀 수도 없을 만큼 많은 직업 중 얼마나 많은 직업의 종류를 알고 있습니까?"

"그럼 이제 간단한 활동을 통해서 우리가 알고 있는 직업의 종류를 알아 가 보는 시간을 갖도록 하겠습니다. 선생님부터 시작해서 각자 박자에 맞추어 직업의 종류를 이야기하면 됩니다. 그럼 시작해 보도록 하겠습니다."

〈진행 방법〉

① 집단원은 박자에 맞추어 자신이 아는 직업을 돌아가면서 하나씩 말한다(예: '직장에 가면 ♬ 상담사도 있고, 변호사도 있고, 프로게이머도 있고…….' 이런 식으로 한쪽 방향으로 돌아가며 진행).

② 집단 리더는 집단원이 언급한 직업들을 집단원 전체가 볼 수 있도록 칠판에다가 옮겨 적는다.

③ 집단원은 5초 동안 직업을 말하지 못하거나 이전에 언급된 직업을 말할 경우 탈락된다.

④ 탈락된 집단원을 제외하고 계속 이어서 진행하여 최후의 1인이 남을 때까지 서바이벌 형식으로 진행한다.

⑤ 활동 후 느낀 소감을 나눈다.

"활동하면서 어떠셨습니까? 여기 모인 친구들과 함께 각자 알고 있는 직업들을 이야기하면서 서로 몰랐던 직업을 알아 가는 시간이 되었을 것이라고 생각됩니다."

진행 TIP

- 이 활동의 핵심은 직업세계의 확장이다. 활동을 통해 집단원이 몰랐던 직업을 다른 집단원을 통해 알아 가고 나아가 직업에 대한 흥미를 가질 수 있도록 돕는다.
- 집단 리더는 직업에 대한 명확한 개념을 안내해야 한다. 자원봉사자처럼 수입이 없거나 사기꾼 등 불법적인 일을 하는 것은 직업으로 보기 어렵다.
- 집단 수준 및 상황을 고려하여 다양한 방식을 적용할 수 있다. 예를 들어, '직장에 가면'이라는 시작 멘트를 반복적으로 사용하거나 속도를 느리게 진행할 수 있다. 또한 몇 명씩 조를 형성하여 팀전으로도 가능하다.
- 활동 중 공무원, 운동선수, 선생님, 트레이너 등과 같이 포괄적으로 표현되는 단어 사용에 대한 기준을 정하는 것이 중요하다. 예를 들면, 축구선수, 야구선수, 농구선수 ⇒ 운동선수 / 수학선생님, 영어선생님, 국어선생님 ⇒ 선생님 / 헬스트레이너, 보컬트레이너, 재활트레이너 ⇒ 트레이너로 집단원이 통일할 수 있도록 한다.

직업 빙고

"'직장에 가면♬'이라는 활동을 통해서 어느 정도 직업 종류에 대해 더 많이 알아보기는 했지만, 이것으로 충분하다고 여기기에는 아쉬움이 있습니다. 자, 이번에는 '직업 빙고' 활동을 하겠습니다. '직업 빙고' 활동을 하기 위해서는 사전 작업이 필요할 것 같습니다. 그래서 〈부록 1－직업분류〉를 참고하여 진행하도록 하겠습니다. 〈부록 1－직업분류〉에 직업 종류를 임의로 분류하여 추려 놓았습니다. 〈부록 1－직업분류〉에 나와 있는 직업 중 25가지를 선택하여 빙고 칸을 채워 보도록 하겠습니다. 자, 그럼 시작!"

〈진행 방법〉

① 〈부록 1 - 직업분류〉를 참고하여 '직업 빙고' 페이지를 완성한다.

② 집단 리더가 먼저 직업 하나를 선택하고, 한쪽 방향으로 집단원이 돌아가며 순서대로 직업을 선택한다.

③ 집단 리더는 빙고 3줄 또는 5줄을 가장 먼저 완성한 집단원에게 강화물을 부여한다.

④ 빙고 칸에 있는 25개의 직업 중 관심 있는 직업 5가지와 관심 없는 직업 5가지로 분류하고 '직업 빙고' 페이지의 아래쪽에 있는 칸에 작성한다.
⑤ 관심 있는 직업과 관심 없는 직업의 공통된 특성을 찾아 작성해 본다.
⑥ 집단원은 돌아가면서 관심 있는 직업과 관심 없는 직업의 공통된 특성에 대해 이야기를 나눈다.
⑦ 관심 있는 직업 중 자신에게 잘 어울리는 직업을 선택하고 그 직업의 주요 활동을 작성한다.

"직업 빙고 활동은 끝났지만, 우리의 목적은 빙고 게임이 아니었습니다. 각자가 추린 25개의 직업을 토대로 관심 있는 직업 5가지와 관심 없는 직업 5가지를 찾아보았습니다. 그리고 이러한 직업들의 공통점은 무엇인지 알아보았습니다. 이를 통해 자신이 직업 활동에서 어떤 부분을 선호하고 어떤 부분은 선호하지 않는지 알게 되었을 것입니다."

"지금까지 우리는 직업 파트를 통해 수많은 직업이 있다는 것을 알게 되었고, 나에게 어울리는 직업을 찾으면서 직업 세계에 대해 한발 다가가는 시간이 되었습니다. 다음 시간에는 자신에 대해 깊이 알아보고 자신의 특성과 어울리는 직업들을 알아보는 시간을 갖도록 하겠습니다."

진행 TIP

- 이 활동의 핵심은 직업 세계를 통해 자신을 이해하는 것이다. 선호하는 직업특성과 선호하지 않는 직업특성을 탐색하여 집단원의 직업에 대한 가치관을 파악한다.
- 집단 수준 및 상황을 고려하여 다양한 방식을 적용할 수 있다. 예를 들어, 학생 수에 따라 개인전 또는 팀전으로 진행할 수 있다.
- '직장에 가면♬' 활동으로 칠판에 적은 직업들을 활용하여 빙고 칸을 채울 수 있으며, 관심 있는 직업과 관심 없는 직업 칸을 작성할 때에는 부록에 있는 직업까지 포함하여 작성할 수 있도록 한다.
- 어울리는 직업의 주요 활동은 반드시 동사로 작성하게 해야 한다.

뻔뻔학애 프로그램

자기이해

〈목표〉

- 자신에게 맞는 일과 직업을 선택하기 위해 자신의 성격, 흥미, 적성, 가치 등에 대해 올바르게 이해한다.

〈준비물〉

워크북, 필기도구

〈차시〉

6차시(300분)

성격

"지금까지 함께하면서 어떠셨습니까? 지난 시간에는 진로 탐색에 대한 동기를 높이고, 직업 세계에 대해 알아보는 시간을 가져 보았습니다. 자신의 진로에 대한 관심이 달라지셨습니까?"

"이제부터는 본격적으로 자신에 대해 탐색해 보는 작업을 진행해 보겠습니다. 친구들은 진로를 어떻게 선택합니까? 단순히 '돈을 많이 주니까' '내가 좋아하니까'라는 이유로 직업을 선택하는 경우가 종종 있습니다. 그럼 한번 생각해 보겠습니다. 돈을 많이 주는 일을 하고 있지만 자신이 그 일에 흥미가 없거나 야근이 잦다면 과연 합리적으로 잘 선택했다고 볼 수 있습니까?"

"다양한 측면에서의 자신의 모습을 탐색해 보고 이해한 후에 진로를 선택하는 것이 현명한 방법입니다. 예를 들어, 옷을 구매할 때도 옷의 디자인도 중요하지만 그 옷이 나에게 어울리는지, 나의 신체 사이즈에 맞는지 등 자신의 신체를 고려하여 옷을 구매합니다. 직업을 선택할 때도 마찬가지입니다."

"따라서 이번 '자기이해' 파트는 자신에게 맞는 일과 직업을 선택하기 위해 자신의 성격, 흥미, 적성, 가치를 탐색하고 주변 사람들의 객관적인 시각까지 알아보도록 하겠습니다. 또한 이를 바탕으로 자신에게 어울리는 직업을 선택해 보는 시간을 갖도록 하겠습니다."

Who Am I

"'자기이해' 파트의 첫 번째 활동은 'Who Am I'입니다. 'Who Am I' 페이지를 보도록 하겠습니다. 보시는 것처럼 총 15개의 문항이 있습니다. 질문들을 통해 자신이 어떤 사람인지 알아보도록 하겠습니다. 자유롭게 떠오르는 대로 작성해 보도록 하겠습니다."

〈진행 방법〉

① 'Who Am I' 페이지를 작성하도록 한다.
② 집단원을 2개의 모둠으로 나눈 후 모둠명과 모둠장을 정한다.
③ 집단 리더가 한 모둠씩 번갈아 가며 질문을 하고 상대 모둠의 누구인지 맞히는 방식으로 진행한다.
④ 집단 리더는 순서를 정하고 무작위로 한 집단원의 힌트를 낸 후 같은 모둠원에게만 누구인지 알려 준다.
⑤ 상대 모둠은 누구인지를 동시에 손가락으로 가리키며 지목하고 맞히면 3점, 못 맞히면 다음 힌트를 내어 2점, 1점으로 점수를 매긴 후 세 번의 기회에도 못 맞히면 0점이 된다.
⑥ 활동 후 느낀 소감을 나눈다.

"활동하면서 어땠습니까? 15개의 질문에 대한 답을 작성하면서 순식간에 완성한 친구도 있지만, 무엇을 써야 하나 고민하면서 시간을 많이 보낸 친구도 있었을 것입니다. 어쩌면 이러한 모습들조차 각자의 일면을 보여 주는 것입니다. 또 활동을 하면서 자신에 대해, 친구들에 대해 조금 더 알아 가는 시간이 되었으면 좋겠습니다."

진행 TIP

- 이 활동의 핵심은 집단원들 간의 친밀감을 높이고, 자신뿐만 아니라 다른 집단원들에 대해 전반적으로 이해해 보는 시간을 갖는 것이다.
- 'Who Am I' 질문에 대한 답을 작성하기 어려운 집단원이 있을 경우, 집단 리더는 그 집단원을 독려하여 최대한 작성할 수 있도록 도와주는 것이 필요하다.
- 모둠 대결 활동 시 흥미를 위해 경쟁구도로 가는 것일 뿐 경쟁보다는 서로 알아 가는 것에 초점을 맞추도록 한다. 가능하면 동점으로 끝낼 수 있도록 하는 것이 경쟁 과열을 낮출 수 있다.
- 집단 수준 및 상황을 고려하여 다양한 방식을 적용할 수 있다. 예를 들어, 서로 맞히는 방식 말고, 2인 1조나 3인 1조로 형성하고 서로 조를 바꾸어 가며 이야기를 나누는 방식으로도 진행할 수 있다.

뻔뻔학애 창

"'자기이해' 파트의 두 번째는 '뻔뻔학애 창' 활동입니다. 여러분이 생각하는 자신의 모습과 타인이 바라보는 여러분의 모습이 얼마나 일치한다고 생각합니까? 자신을 스스로 진지하게 돌아보는 것만으로 자신을 온전히 이해하기란 어렵습니다. 혼자 힘으로는 영영 모를 자신의 모습을 다른 친구는 단번에 알아채기도 하고, 다른 사람과 함께 시간을 보내면서 잊고 있던 자신의 모습을 발견할 때도 있습니다. 또 어떤 의미에서는 자신의 눈보다 타인의 눈에 비친 자신이 가장 현실적인 모습이기도 합니다. 따라서 자신을 온전히 알기 위해서는 내면적인 성찰과 타인과의 관계에서 자신의 모습은 어떤지를 함께 고민하는 과정이 필요합니다. 이번 활동을 통해 내가 보는 나의 모습, 남이 보는 나의 모습에 대해 알아보며 자신을 조금 더 객관적이고 현실적으로 이해하는 시간을 가져 보도록 하겠습니다."

"뻔뻔학애 창은 나와 타인의 관계 속에서 자신의 성격을 이해하는 '조하리의 창' 이론을 활용하겠습니다. 조하리의 창은 4개의 영역으로 되어 있습니다. 첫 번째는 열린 영역으로 '나에 대해서 나도 알고 남도 아는 영역', 두 번째는 보이지 않는 영역으로 '나에 대해서 남은 알지만 나는 모르는 영역', 세 번째는 숨겨진 영역으로 '나에 대해서 남은 모르지만 나는 아는 영역', 마지막으로 미지의 영역은 '남도 모르고 나도 모르는 무의식의 영역'입니다."

"이번 '뻔뻔학애 창' 활동은 총 3단계로 이루어집니다. 먼저 '뻔뻔학애 창-STEP 1'을 보겠습니다. 이를 통해 자신이 보는 자신의 성격 특성은 어떤지 알아보도록 하겠습니다. '뻔뻔학애 창-STEP 1'을 채워 보도록 하겠습니다."

"이번에는 '뻔뻔학애 창-STEP 2' 페이지를 작성하겠습니다. 여기에서는 함께하는 친구들의 도움이 필요합니다. 1명도 빠짐없이 모든 친구를 찾아가서 자신의 성격 특성을 적어 달라고 합니다. 단, 다른 친구들이 먼저 적은 내용과 중복되지 않도록 합니다."

"마지막 '뻔뻔학애 창-STEP 3'는 '뻔뻔학애 창-STEP 1'과 '뻔뻔학애 창-STEP 2'를 참고하여 완성하도록 하겠습니다. '뻔뻔학애 창-STEP 1'과 '뻔뻔학애 창-STEP 2'에 공통으로 작성된 특성은 열린 영역(Open area)에, '뻔뻔학애 창-STEP 1'에만 작성된 특성은 숨겨진 영역(Hidden area)에, '뻔뻔학애 창-STEP 2'에만 작성된 특성은 보이지 않는 영역(Blind area)에 작성하도록 합니다."

〈진행 방법〉

① '뻔뻔학애 창-STEP 1' 페이지에 자신이 보는 자신의 성격을 형용사로 작성하도록 한다.

② '뻔뻔학애 창-STEP 2' 페이지의 괄호 안에 자신의 이름을 작성하도록 한다.

③ 집단원은 뻔뻔학애 워크북을 들고 다니면서 다른 집단원에게 자신의 성격에 대해 작성해 달라고 요청한다.

④ '뻔뻔학애 창-STEP 3' 페이지에는 STEP 1과 STEP 2에서 공통된 성격특성을 열린 영역에, STEP 1만 해당되는 성격특성은 숨겨진 영역에, STEP 2만 해당되는 성격특성은 보이지 않는 영역에 분류한다.

⑤ '뻔뻔학애 창-STEP 3'을 보고, 느낀 소감을 나눈다.

⑥ 자신의 성격과 어울리는 직업을 탐색하고 그 직업의 주요 활동을 작성하도록 한다.

"이 활동을 통해서 우리는 다른 사람들과의 관계에서 자신이 어떤 상태인지를 확인할 수 있습니다. 내가 알지 못했던 부분을 친구가 찾아 주면서 나의 새로운 점을 발견하게 되었을 것입니다. 또한 보는 바와 같이 나는 알지만 남은 모르는 숨겨진 영역, 나는 모르는데 남은 알고 있는 보이지 않는 영역보다는, 나도 알고 남도 아는 열린 영역을 확장할 수 있도록 자신을 조금 더 공개하고 친구의 피드백을 받아들이는 노력을 통해 우리 모두 한 걸음 더 성장해 나갔으면 좋겠습니다."

진행 TIP

- 이 활동의 핵심은 열린 영역 및 자기 성격에 대한 이해의 폭을 넓히는 것이다. 자신이 알고 있는 자신의 모습과 상대방을 통해 자신이 보지 못한 자신의 모습까지 이해할 수 있다.
- '뻔뻔학애 창-STEP 2' 활동에서 집단원이 먼저 적은 성격특성이 중복되지 않도록 안내해야 한다.
- '뻔뻔학애 창-STEP 2' 활동에서 집단 리더는 집단원이 다른 집단원에게 부정적인 영향을 줄 수 있는 성격특성은 가급적 피하거나 순화하여 표현할 수 있도록 지도한다.
- '뻔뻔학애 창-STEP 3' 활동을 통해 집단원의 특성을 파악할 수 있다. 예를 들어, 열린 영역이 많은 집단원은 개방적이고 외향적인 성향이 강할 수 있으며, 열린 영역이 적은 집단원은 내향적이고 혼자 있는 것을 선호할 수도 있다.
- 집단 수준 및 상황을 고려하여 다양한 방식을 적용할 수 있다. 집단원의 수가 적을 경우에는 뻔뻔한애 창-STEP 2에서 한 집단원이 성격특성을 2개씩 적을 수 있도록 한다.

흥미

나만의 시간표

"'자기이해' 파트의 세 번째 활동은 '나만의 시간표'입니다. 친구들은 무엇을 할 때 가장 몰입이 잘됩니까? 지루해하지 않고 오랫동안 할 수 있는 것은 무엇이 있습니까? 여기 모인 여러분 각자가 흥미를 갖고 있는 분야가 다를 것입니다. 이번 시간에는 자신이 흥미를 갖고 있는 영역이 무엇인지에 대해 생각해 보는 시간을 가져 보도록 하겠습니다. 자신의 직업을 선택하는 데에 있어 얼마만큼 흥미 있는지는 그 직업을 얼마나 즐겁게 오래 유지할 수 있느냐를 가늠할 수 있는 중요한 요소입니다."

"'나만의 시간표' 페이지를 보겠습니다. 우리 반 시간표에 나와 있는 과목명을 토대로 1년 동안 질리지 않게 학교생활을 할 수 있고, 미래의 나에게 도움이 되는 것을 전제로 자신이 원하는 시간표를 완성해 보도록 하겠습니다."

〈진행 방법〉

① 학급에 있는 시간표를 활용하여 '나만의 시간표'를 완성한다.

② 완성된 '나만의 시간표'를 참고하여 가장 많거나 적은 과목, 사라진 과목 등이 무엇인지 확인한다.

③ 다른 집단원들과 '나만의 시간표'를 비교하며 이야기를 나눈다.

④ 자신의 흥미와 어울리는 직업을 탐색하고 그 직업의 주요 활동을 작성한다.

"우리는 학교에서 교육을 받습니다. 흥미로운 과목이 있고 그렇지 않은 과목이 있을 수 있습니다. 이것도 사람들마다 다릅니다. 자신만의 시간표를 만들어 보면서 나에게 흥미로운 과목은 무엇인지, 그렇지 않은 과목은 무엇인지 생각해 보고 자신이 어떤 영역에 흥미가 있는지를 찾는 시간이 되었으면 합니다."

진행 TIP

- 이 활동의 핵심은 개인이 가지고 있는 흥미 영역을 밝혀 그 흥미 영역에 맞는 직업이 무엇인지 찾는 것이다.
- 집단 리더는 집단원이 하나의 과목에만 작성하지 않도록 활동에 대한 안내를 잘해 주는 것이 필요하다. 이러한 안내에도 불구하고 하나의 과목으로 작성한 집단원이 있으면 이 또한 하나의 특성으로 본다.
- 집단 리더는 집단원이 작성한 가장 많거나 적은 과목 등의 정보를 통해 집단원이 선호 혹은 비선호하는 흥미 영역에 대해 이해할 수 있다. 이를 집단원에게 상기시켜 주는 것이 필요하다.
- 집단 수준 및 상황을 고려하여 다양한 방식을 적용할 수 있다. 예를 들어, 학교 과목과 상관없이 개인 흥미 위주로 할 수 있다. 게임이나 스트리밍, 창작활동 등과 같이 진로와 관련된 흥미 활동으로 해서 직업과 연결할 수 있다.

적성

숨은 재능 찾기

"'자기이해' 파트의 네 번째 활동은 '숨은 재능 찾기'입니다. 이번 활동에서는 자신의 적성을 알아봅니다. 적성이라는 것은 앞에서 살펴보았던 흥미와는 달리 단순히 좋아하는 차원을 넘어 잘할 수 있는 것을 말합니다. 그래서 이번 시간에는 숨겨진 재능을 찾아보는 활동을 하고자 합니다. 옆에 있는 친구들도 잘 모를 것 같은 자신만의 '숨은 재능 찾기'를 하겠습니다."

"'숨은 재능 찾기' 페이지를 보겠습니다. 여기에 잘하는 활동이나 영역들을 작성해 보겠습니다. 소소하거나 남들이 알지 못하는 것도 좋습니다. 자신이 잘하는 것들을 나열해 봅시다."

〈진행 방법〉

① '숨은 재능 찾기' 페이지 상단에 있는 표에 자신이 잘하는 활동을 작성한다.
② 집단원은 돌아가면서 자신의 잘하는 활동이나 재능을 발표하고 검증 절차를 거친다.
③ 자신이 적은 것과 다른 집단원의 검증 절차를 통해 새로 알게 된 자신의 재능을 바탕으로 하단에 있는 표를 작성한다.
④ 〈부록 2-강점 목록〉을 참고하여 자신의 재능을 '재능 강점화' 칸에 작성한다.
⑤ 자신의 적성과 어울리는 직업을 탐색하고 그 직업의 주요 활동을 작성한다.

"자신을 과소평가하지 않았으면 좋겠다는 마음이 듭니다. 새로운 자신의 모습을 발견했습니다. 작은 재능이라도 특별할 수 있습니다. 단순히 공부를 못한다고 해서 잘하는 것이 없는 것은 아닙니다. 자신만의 재능을 잘 살려서 그것과 어울리는 직업을 갖게 된다면 더할 나위 없지 않을까 싶습니다."

진행 TIP

- 이 활동의 핵심은 집단원의 숨은 재능을 찾아 그것을 강점화하는 것이다.
- 집단 리더는 집단원과 나눔을 통해 다양한 재능이 나올 수 있도록 유도하는 것이 중요하다.
- 사소한 것 같아도 잘 발전시켜 직업과 연결 지을 수 있도록 도와주는 것이 중요하다.
- '숨은 재능 찾기'를 작성하기 어려운 집단원이 있을 경우, 집단 리더는 그 집단원을 독려하여 최대한 작성할 수 있도록 도와주는 것이 필요하다. 또한 '1 to 10' 페이지를 참고하여 자신의 재능을 찾을 수 있도록 한다.
- 자신의 재능을 강점화하는 것이 중요하다. 예를 들어, 자신의 재능이 빨리 잠드는 것이라고 했을 때 직업적으로 무의미할 수 있지만 이를 강점화하여 '자기조절' '심리적 안정감' 등의 표현으로 전환해 주어야 한다.

가치

직업 가치관 월드컵

"지금부터 1명씩 돌아가며 자신의 인생에서 가장 중요한 것은 무엇인지 말해 보는 시간을 가져 보겠습니다."

"이런 말을 들어 보셨나요? '인생은 B와 D 사이에 있는 C이다.' B는 birth(탄생), D는 death(죽음), C는 choice(선택)입니다. 우리는 태어나면서 죽기 직전까지 수많은 선택을 합니다. 그 선택들을 가장 나답게 해 주는 것이 바로 가치입니다. 지금까지 살면서 자신의 선택으로 인해 결과가 달라진 경험들이 있을 것입니다. 우리가 선택하는 그 순간 대부분 자신이 중요하게 생각하는 가치관에 따라 결정을 내리게 됩니다. 이러한 가치관은 삶의 경험을 통해 달라지기도 합니다."

"이번 시간에는 '직업 가치관 월드컵'에 나와 있는 예시들을 참고하여 훗날 내가 직업을 선택할 때 중요하게 생각해야 할 것들에 대해 생각해 보는 시간을 가져 보겠습니다."

〈진행 방법〉

① '직업 가치관 월드컵-STEP 1' 페이지에서 직관적으로 개수 제한 없이 직업을 선택할 때 고려하게 될 가치를 선택한다.
② 선택한 가치들 중 최종 8가지를 추려 본다.
③ '직업 가치관 월드컵-STEP 2' 페이지에 8가지의 가치를 적고 자신만의 언어로 정의를 내려 본다.
④ 자신만의 언어로 정의된 가치를 다른 집단원과 공유한다.
⑤ '직업 가치관 월드컵-STEP 3' 페이지에 8가지 가치를 토너먼트 방식으로 추려 빈칸들을 채워 가도록 한다.

⑥ 1～3순위의 가치를 추린 후에 그 가치에 어울리는 직업을 찾아보도록 한다.
⑦ 자신의 가치와 어울리는 직업을 탐색하고 그 직업의 주요 활동을 작성한다.

"가치관은 직업적 능률과 만족감에 직접 관여하기 때문에 진로를 결정하려면 반드시 건전한 직업에 대한 올바른 가치관을 확립할 필요가 있습니다. 이러한 가치는 어린 시절부터 지금까지 살아가고 있는 환경과 접촉하는 사람들에 의해 형성됩니다. 많은 경험과 접촉을 통해 각자의 가치가 조금씩 변할 수 있으니 자신을 잘 지켜보았으면 합니다."

진행 TIP

- 이 활동의 핵심은 자신의 직업적 가치관을 탐색하고 이를 명료화하는 것이다. 직업적 가치관을 탐색하여 그 가치에 맞는 직업을 선택할 수 있도록 돕는다.
- STEP 1 활동에서 가치관을 너무 적거나 많이 선택한 집단원이 있을 경우, 집단 리더는 그 집단원의 내면을 탐색해 볼 필요가 있다.
- STEP 2 활동에서 집단원들끼리 자신이 정의한 가치를 공유한다. 예를 들어, '경험'을 선택하였어도 경험이 의미하는 바가 각자 다를 수 있다. 누군가는 숙련의 의미, 누군가는 다양한 경험을 의미할 수 있다. 따라서 같은 용어라도 다른 의미를 가질 수 있음을 이해하고 다른 이의 생각을 존중할 수 있는 시간을 가질 수 있다.
- 집단 수준 및 상황을 고려하여 다양한 방식을 적용할 수 있다.

추천

이름 모를 잡초(Job Choice)

"이번 시간에는 친구들에게 자신과 어울릴 것 같은 직업을 추천받는 활동을 해 볼 것입니다. 이번 활동을 통해 내가 생각하는 나의 이미지와 친구들이 보는 나의 이미지를 비교해 볼 수도 있을 것입니다. 그리고 아직 직업에 대해 구체적으로 생각하지 못한 친구들은 큰 도움이 될 수도 있을 것입니다. 또한 반대로 나로 인해 친구가 도움을 받을 수도 있습니다. 다양한 근거를 제시하면서 친구에게 어울릴 것 같은 직업을 선택해 주시기 바랍니다. 본인도 미처 모를 수도 있으니 친구들의 숨겨진 모습들을 잘 찾아 주시기 바랍니다. 그럼 본격적으로 활동을 시작해 보도록 하겠습니다."

"'이름 모를 잡초' 페이지를 보겠습니다. 해당 부분에 자신의 이름을 적고, 돌아다니면서 친구들에게 직업을 추천해 주고 이름까지 적어 주시면 됩니다."

〈진행 방법〉

① '이름 모를 잡초' 페이지의 괄호 안에 자신의 이름을 작성한다.

② 다른 집단원에게 자신에게 어울리는 직업을 추천해 달라고 요청하고 추천해 준 집단원의 이름을 받는다.

③ 16칸을 모두 채운 집단원은 마음에 드는 직업을 칸에, 마음에 들지 않는 직업을 칸에 분류하여 작성한다.

④ 다 같이 원으로 모여 돌아가며 소감을 나눈다.

⑤ 추천받은 직업 중 자신과 어울리는 직업을 하나 선택하고 그 직업의 주요 활동을 작성한다.

"친구들에게 자신이 생각지도 못한 직업을 추천받은 사람도 있을 것입니다. 전혀 관심 없는 직업이었는데 새롭게 보이기 시작했을 수도 있습니다."

"이렇게 해서 '자기이해' 파트가 끝이 났습니다. 정리를 해 보면, 성격, 흥미, 적성, 가치, 추천 등을 통해 직업을 선택하는 데 있어서 나는 어떤 사람인지 다양한 영역에 대해 알아보았습니다. 시간이 지나 성장하고 성숙해지면서 조금씩 변화하는 자신의 모습을 발견할 수 있을 것입니다."

"다음 시간에는 이러한 재료를 바탕으로 어떻게 합리적으로 직업을 선택할지 알아보도록 하겠습니다."

진행 TIP

- 이 활동의 핵심은 직업 추천을 받으면서 진로에 대한 자신감과 희망을 찾고, 자신도 생각하지 못한 직업을 추천받으면서 관심을 가지는 것이다.
- 집단원이 장난으로 적지 않도록 하기 위해 본인의 이름을 적도록 한다.
- 소감을 나눌 때 왜 이런 직업을 추천해 주었는지도 함께 나누면 나눔이 풍성해질 수 있다.
- 집단 수준 및 상황을 고려하여 다양한 방식을 적용할 수 있다. 예를 들어, 집단원의 수가 적을 경우에는 중복해서라도 16개는 적을 수 있도록 하고, 집단원의 수가 많을 경우 16개만 적을 수도 있고, 빈칸을 활용해서 더 많이 적을 수도 있다. 또한 포스트잇을 활용하여 미리 적은 뒤에 자유롭게 돌아다니며 몸에 붙여 주는 방식을 활용할 수 있다.

뻔뻔학애 프로그램

합리적 의사결정

〈목표〉

- 자신에 대한 이해를 바탕으로 하여 합리적인 진로 결정을 할 수 있다.
- 자신이 선택한 진로에 대해 단기적/장기적으로 계획을 세워 본다.

〈준비물〉

워크북, 필기도구

〈차시〉

6차시(300분)

결정

"지난 시간에는 '자기이해' 파트를 통해 자신의 다양한 영역에 대해 알아보았습니다. 우리는 내가 관심 있어 하는 직업 분야, 나의 성격과 잘 어울릴 것 같은 직업 분야, 그리고 흥미, 적성, 가치에 이어 친구들이 추천해 주는 직업까지 알아보는 시간을 가졌습니다."

"이번 시간은 '의사결정' 파트입니다. 이제 이 모든 것을 종합해서 최종 하나의 직업을 선택해 보도록 하겠습니다. '자기이해' 파트에서 얻은 정보들로 합리적으로 직업을 결정하도록 하겠습니다."

진로 결정 깔때기

"지금까지 우리는 직업, 성격, 흥미, 적성, 가치, 추천 영역에서 자신과 어울리고 적합한 직업과 주요 활동을 추출해 보았습니다. 각 영역에서 추출한 직업과 주요 활동을 한데 모아 객관적인 수치를 통해 합리적으로 최종 진로를 결정해 보도록 하겠습니다."

〈진행 방법〉

① '진로 결정 깔때기-STEP 1' 페이지에 지금까지 진행했던 직업, 성격, 흥미, 적성, 가치, 추천의 각 영역마다 마지막에 결정했던 직업들을 빈칸에 적는다.

② 6가지 직업 중 가장 원하는 직업 3가지를 아래 표의 직업 1, 2, 3 칸에 적도록 한다.

③ 배점 칸에 10가지의 고려 항목의 총합계가 100이 되도록 각 항목에 배점을 부여한다.

④ 각 배점을 만점 기준으로 직업 1, 2, 3 칸에 점수를 부여한다.

⑤ 직업 1, 2, 3 칸의 세로 항목들의 총합을 더해 합계란에 점수를 적는다.

⑥ 가장 높은 점수의 직업을 마지막 '최종 결정 직업' 칸에 적도록 한다.

⑦ 이와 같은 방식으로 '진로 결정 깔때기-STEP 2' 페이지에 지금까지 진행했던 직업, 성격, 흥미, 적성, 가치, 추천의 각 영역마다 마지막에 작성한 주요 활동으로 페이지를 완성한다.
⑧ '진로 결정 깔때기-STEP 3' 페이지에 STEP 1의 직업과 STEP 2의 주요 활동을 옮겨 적고 일치하는지 확인한다.
⑨ 최종적으로 직업을 하나 선택하게 되면, '내 꿈 변천사-STEP 2' 마지막의 '다음은?' 칸에 적어 본다.

"최종적으로 하나의 직업을 고르셨습니까? 어떻습니까? 처음에 생각했던 자신의 관심 분야와 일치합니까? 아니면 전혀 생각해 보지 않았던 직업입니까? 우리가 이번 뻔뻔학애 진로탐색 프로그램을 통해 지금 당장 진로를 결정한다고 해서 미래에 이 진로로 가고 있겠습니까? 물론 지금 정한 진로를 이루는 친구도 있을 것이고, 바뀐 친구들도 있을 것입니다. 앞으로 이어질 삶의 경험을 통해 달라지기도 하고 발전됩니다.

"다만, 훗날 언젠가 자신의 진로를 선택하거나 막막한 시점이 올 때 이처럼 자신의 다양한 영역을 함께 고려해서 결정한다면, 보다 실패하지 않고 후회 없는 선택을 하리라 생각합니다."

진행 TIP

- 이 활동의 핵심은 '자기이해' 파트의 영역들을 종합하여 합리적인 결정 방법을 습득하는 것이다. 자신의 여러 가지 측면을 고려하여 객관적으로 직업을 선택하는 능력을 키운다.
- '진로 결정 깔때기' 페이지의 '기타' 란에 추가로 고려할 사항이 뭐가 더 있는지 논의해 보는 시간을 갖는다.
- 명사로 작성된 직업과 동사로 작성된 주요 활동이 어떻게 연결될 수 있는지를 생각해 보는 것이 중요하다. 만약 자연스럽게 연결이 안 된다면 이 부분에 대해서 어떻게 다루어야 할 것인지를 선택하도록 도와주어야 한다. 예를 들어, 직업을 더 중요하게 생각하는지, 주요 활동을 더 중요하게 생각하는지를 생각해 보는 것이 필요하다.
- 활동 결과, 자신에게 맞지 않는 직업이 나왔을 경우에는 주요 활동 결과에 초점을 맞추는 것이 필요하다.
- 집단 수준 및 상황을 고려하여 다양한 방식을 적용할 수 있다.

계획

"이제 우리는 목적지를 결정했습니다. 목적지만 결정한다고 해서 끝이 아닙니다. 목적지에 도착하기 위해서는 필요한 계획을 세워야 합니다. 어떻게 갈지, 어떤 길로 갈지, 무엇이 필요한지, 누구의 도움을 받을 수 있는지 등 목적지에 도달하기 위해 계획을 차근차근 세워 보도록 하겠습니다."

"계획은 크게 2가지로, 장기 목표와 단기 목표로 나눌 수 있습니다. 단기 목표는 단 몇 시간에부터 몇 달 후에 완료되는 비교적 빨리 달성하고자 하는 것입니다. 단기 목표의 대부분은 장기 목표를 달성하기 위한 디딤돌이 될 것입니다. 장기 목표는 먼 미래에 달성하고자 하는 목표입니다. 장기 목표는 삶의 방향과 목적에 대한 감각을 제공하는 큰 꿈입니다. 그럼 장기 목표부터 시작해서 단기 목표까지 계획을 세워 보겠습니다."

뭣이 중헌디?

"앞에서 한 주의 시간을 앞으로 어떻게 보낼 것인지에 대해 계획을 세워 보았습니다. 이번에는 조금 더 구체적으로 보완해 볼 수 있는 활동을 할 것입니다. 한 주간의 계획 중 사소한 일상들부터 중요한 과업들까지 낱낱이 분석해 보겠습니다. 이 활동을 통해 친구들이 얼마나 중요한 일 혹은 얼마나 긴급한 일에 자신의 시간을 쓰고 있는지를 확인할 수 있을 것입니다."

〈진행 방법〉

① '뭣이 중헌디?' 페이지 상단의 네모 칸에 최근 1년 동안 했던 모든 일을 떠올려 자유롭게 적어 본다.

② 적은 내용을 하단의 표에 중요도/긴급도로 나누어 분류하여 작성한다.

③ 모둠 작업 혹은 개인 작업을 통해 자신의 상태를 점검한다.

"확인해 보니 어떤 느낌이 드시나요? 앞으로는 우리의 꿈을 위해 조정할 필요가 있겠습니다. 지금까지는 몰라서 못 했다고 하지만 이제는 알게 되었을 것입니다. 몰라서 못 하는 것과 알면서도 하지 않는 것에는 큰 차이가 있을 것입니다. 나의 삶을 한 번 돌아보고 중요한 일을 하고 있는지, 혹은 긴급한 일들을 처리하느라 바쁜 삶을 살고 있는지, 아니면 중요하지도 않은 일에 너무 얽매여 있지는 않은지 더 늦기 전에 살펴보아야겠습니다. 앞으로의 삶에서는 자신에게 더욱더 중요한 일을 하는 데에 시간을 투자하도록 해야겠습니다."

진행 TIP

- 이 활동의 핵심은 중요도와 긴급도를 통해 삶의 우선순위를 정할 수 있는 눈과 사소한 일들은 줄여 나갈 수 있는 결단력을 갖도록 하는 것이다.
- 사소한 것들까지도 적을 수 있도록 하여 최대한 많은 일을 적을 수 있도록 유도한다.
- 집단 수준 및 상황을 고려하여 다양한 방식을 적용할 수 있다.

미래 이력서

"내가 원하는 직업 분야나 직장에 이력서를 낸다고 생각해 봅시다. 나는 어떤 것들을 갖추어야 합니까? '미래 이력서'를 통해 어떤 것을 갖추어야 하는지 알아보겠습니다."

〈진행 방법〉

① '미래 이력서'의 빈칸들을 작성해 본다.

② 집단 전체 혹은 모둠별로 자신의 이력서를 소개한다.

"나중에는 이력서를 많이 쓰게 될 것입니다. 이 활동을 해 봄으로써 이력서에 적혀 있는 것들이 결국 우리의 진로를 위한 장기 목표가 될 것임을 알 수 있을 것입니다."

진행 TIP

- 이 활동의 핵심은 자신의 이력서를 작성해 보고 장기 목표를 세워 보는 것이다.
- 대학 전공이나 자격증 등을 계획하는 데 어려움이 있는 집단원이 있을 경우, 집단 리더는 과제로 주어 집에서 인터넷 검색을 해 볼 수 있도록 하는 것도 방법이다.
- 집단 수준 및 상황을 고려하여 다양한 방식을 적용할 수 있다.

Big Picture

"이전 활동에서 장기 목표를 세워 보았습니다. 이번에는 중기 목표를 설정해 보도록 하겠습니다. 작은 것이 모여서 큰 힘이 될 때도 있습니다. 장기 목표에 있는 것을 조금 더 세분화하여 구체적인 계획을 세워 보도록 하겠습니다."

〈진행 방법〉

① 'Big Picture' 페이지의 중앙에 자신의 장기 목표를 적고 주변에 장기 목표를 이루기 위한 중기 목표를 정한다.
② 중기 목표를 화살표 방향으로 옮겨 적고 중기 목표를 이루기 위한 단기 목표를 주변에 적는다(《부록 3-Big Picture(예시)》를 참고하여 설명한다).
③ 집단 전체 혹은 모둠별로 자유롭게 이야기를 나누는 시간을 갖는다.

"중기 목표를 세워 봄으로써 조금씩 내가 무엇을 해야 하는지 선명해지는 느낌을 받으실 것입니다. 작심삼일로도 끝날 수 있지만, 작심삼일로 끝나지 않고 오랜 시간 유지하기 위해서는 평소와 다른 노력이 필요합니다."

진행 TIP

- 이 활동의 핵심은 장기 목표를 이루기 위한 중기 목표를 설정하는 것이다.
- 장기 목표보다는 조금 더 구체적이고 관찰할 수 있거나 수치화할 수 있는 것들로 목표를 세우는 것이 효과적이다.
- 집단 수준 및 상황을 고려하여 다양한 방식을 적용할 수 있다.

시간일기 2

“우리는 첫날 ‘시간일기 1’을 통해 지금 우리가 여가시간을 어떻게 활용하고 있는지 알아보았습니다. 그리고 그 시간을 어떻게 활용하느냐에 따라 많은 부분이 달라질 수 있습니다. 이번에는 ‘시간일기 2’입니다. 자신의 미래를 떠올려 보고 중기 목표를 이루기 위해 오늘부터 어떻게 시간을 활용하면 좋을지 생각하며 작성해 보도록 하겠습니다.”

〈진행 방법〉

① ‘시간일기 2’에 앞으로 자신의 일주일을 어떻게 보낼 것인지 작성한다.

② ‘시간일기 2’와 ‘시간일기 1’을 비교한 후 ‘시간일기 2’에서 어떤 것들이 달라졌는지 확인하고 느낀 소감을 나눈다.

“지금까지 친구들은 수도 없는 계획을 세웠을 것입니다. 근데 왜 계획대로 하지 않고 쉽게 포기했습니까? 자신의 능력이 부족한 것이 아닐 수 있습니다. 그런 문제가 발생한 이유를 들여다보면, 개인의 능력이 부족했다기보다는 계획 자체를 잘못 설정했을 확률이 높습니다. 그리고 계획은 언제든지 수정할 수 있습니다. 자신의 상황과 능력에 맞게 변경하는 융통성도 지니면 좋겠습니다. 저는 친구들이 쉽게 포기하지 않았으면 좋겠습니다. 남과 비교하지 말고 어제의 자신과 비교합시다. 계단을 오르는 것처럼 한 칸, 한 칸 올라가다 보면 정상에 올라가 있는 자신의 모습을 보게 될 것입니다. 그러면 자신에 대한 기대감, 존중감, 효능감이 자연스럽게 따라올 것입니다.”

진행 TIP

- 이 활동의 핵심은 중기 목표를 이루기 위한 단기 목표를 설정하고, ‘시간일기 2’를 통해 삶에 대한 책임감을 높이는 것이다.
- 생활 패턴을 구체적이며 현실 가능성이 있도록 작성하는 것이 중요하다.
- 채색도구를 사용하여 시각적으로 한눈에 들어올 수 있도록 하는 것이 중요하다.
- ‘시간일기 1’과 비교해 보며 달라진 부분을 확인하고, 어떻게 하면 잘 지킬 수 있는지에 대해 나눔을 갖는 것이 중요하다.
- 집단 수준 및 상황을 고려하여 다양한 방식을 적용할 수 있다.

실행

"이전 시간을 통해 장기 · 중기 · 단기 목표들을 세워 보았습니다. 계획을 세웠으니 이제 행동할 때입니다. 목표와 계획을 세우고 움직이지 않는다는 것은 허무한 일일 것입니다. 결국 움직여야 하는 사람은 자기 자신입니다. 아무도 대신해 줄 수 없습니다. 자기 자신에게 용기를 주는 활동을 해 보겠습니다."

미래의 나에게 온 편지

"돌이켜 보면 참 많은 것을 견디며 참아 내며 애쓰며 살아왔습니다. 그리고 참 많은 것을 경험하고 해내며 이루어 냈습니다. 지나온 모든 시간이 무엇 하나 빠짐없이 소중한 경험입니다. 살아온 날 중 단 하루만 없어도 지금의 우리는 없을 것입니다. 지금도 이렇게 생각하는데, 먼 미래에서 지금 자신의 모습을 상상하면 어떤 느낌이 들겠습니까? 미래의 내가 현재의 나에게 편지를 쓰는 시간을 가져 보겠습니다. 남들이 알아주지 않아도, 남들이 인정해 주지 않아도, 가장 먼저 내가 나를 알아주고 인정해 주었으면 좋겠습니다."

〈진행 방법〉

① '미래의 나에게 온 편지' 페이지에 자신이 30, 40대가 되었다고 생각하고, 지금 현재의 나에게 편지를 적는다.

"내가 꿈틀하지 않으면 아무런 변화는 없을 것입니다. 부딪혀야 합니다. 그래야 나의 길이 맞는지 아닌지 알 수 있습니다. 이제 움직여야 할 때입니다.

그렇다고 해서 자신을 너무 채찍질하지 않았으면 합니다. 조금 못해도, 조금 느려도 괜찮다고 스스로를 응원하고 격려해 주는 것도 필요하지 않을까 생각합니다."

"제가 준비한 뻔뻔학애 진로탐색 프로그램은 여기까지입니다. 동기부여, 자기이해, 합리적 의사결정의 단계들을 거치면서 조금은 성장한 모습이 보기 좋습니다. 지금 정한 것들이 나중에 또 변할 수 있습니다. 혹은 삶의 갈림길에 서서 어떤 선택을 해야 할지 고민되는 순간이 생길 수 있습니다. 그때 이 책이 친구들의 길을 밝혀 주는 길잡이가 될 것이라고 믿습니다. 그동안 수고한 자신을 위해서 박수를 치고 마무리하겠습니다."

진행 TIP

- 이 활동의 핵심은 성취 경험을 바탕으로 잘 살아온 나에게 칭찬 혹은 위로하는 편지를 쓰는 것이다.
- 집단 리더는 집단원들이 대충 적지 않고 아주 진지하게 쓰게끔 유도해야 한다.
- 집단 수준 및 상황을 고려하여 다양한 방식을 적용할 수 있다.

뻔뻔학애 프로그램

뻔뻔학애 워크북

저자: ___________

진로(進路)는

이다.

내 꿈 변천사 STEP 1 | 동기

	고민 ↑	고민 ↓
노력 ↑		
노력 ↓		

내 꿈 변천사 STEP 2 동기

번호	내가 기억하는 나의 첫 꿈은 뭐였을까? 그리고 그다음은?
1	꿈은:
	이유는:
2	꿈은:
	이유는:
3	꿈은:
	이유는:
4	꿈은:
	이유는:
5	꿈은:
	이유는:

다음은?	꿈은:
	이유는:

1 to 10 | 동기

번호	성공 경험	단계
예	돌 전에 걸었다. 7살부터 두발자전거를 탔다. 라면을 혼자 끓여 먹었다. 학급회장 or 부회장을 했다. 전교 1등을 했다. ○○경시대회에서 상을 탔다. 등	1~10
1		
2		
3		
4		
5		
6		
7		
8		
9		
10		

↓

다음은?	

시간일기 1 동기

	월	화	수	목	금	토	일
00:00							
01:00							
02:00							
03:00							
04:00							
05:00							
06:00							
07:00							
08:00							
09:00							
10:00							
11:00							
12:00							
13:00							
14:00							
15:00							
16:00							
17:00							
18:00							
19:00							
20:00							
21:00							
22:00							
23:00							

예) 취침: ZZ / 학교: ▲ / 학원: ☆ / 색으로 구분해도 좋아요

직업 빙고

내가 관심 있는 직업(5가지)	내가 관심 없는 직업(5가지)
공통점은?	공통점은?

☆ **관심** 있는 직업 중 나와 가장 잘 어울리는 직업은? (　　　　　　　　　　)

☆ 위 직업의 주요 활동은? (　　　　　　　　　　)

Who Am I 이해

1. 나의 행복 조건 1순위는
2. 나의 좌우명은
3. 20년 후 내가 하는 일은
4. 내 인생에 가장 소중한 것은
5. 만약 내일이 없다면 나는 오늘 ______________ 을(를) 하겠다.
6. 나만 아는 즐겁게 사는 방법은
7. 지금까지 나의 삶을 한마디로 표현한다면
8. 죽기 전에 꼭 한번 가고 싶은 곳은
9. 친구관계에서 가장 중요한 것은
10. 가장 재미있게 본 영화, 드라마, 책은
11. 내가 좋아하는 활동은
12. 내가 관심 있어 하는 분야는
13. 살면서 가장 당황스러웠던 일은
14. 부모님께 꼭 하고 싶은 말은
15. 자기 이름으로 N행시를 지어 본다면

뻔뻔학애 창 STEP 1 | 성격

내가 생각하는 나의 특성을 한마디로 표현한다면?

예) '성실한, 감정적인, 용기 있는, 민감한, 겸손한, 친근한, 재치 있는, 관대한, 동정심 있는, 현명한, 성숙한, 의존적인, 수줍은, 솔직한, 영리한, 친절한, 유쾌한'과 같이 '단어'로 표현해 주세요(집단 인원수만큼 쓰세요).

뻔뻔학애 창 STEP 2 성격

내가 생각하는 너(   )의 특성을 한마디로 표현한다면?

예) '성실한, 감정적인, 용기 있는, 민감한, 겸손한, 친근한, 재치 있는, 관대한, 동정심 있는, 현명한, 성숙한, 의존적인, 수줍은, 솔직한, 영리한, 친절한, 유쾌한'과 같이 '단어'로 표현해 주세요(한 사람당 하나씩 써 주세요).

뻔뻔학애 창 STEP 3 | 성격

	자신이 아는 부분	자신이 모르는 부분
다른 사람이 아는 부분	열린 영역	보이지 않는 영역
다른 사람이 모르는 부분	숨겨진 영역	미지의 영역

☆ 나의 **성격**과 가장 잘 어울리는 직업은? (　　　　　　　　　　　　　　　　)

☆ 위 직업의 주요 활동은? (　　　　　　　　　　　　　　　　　　　　　　　　)

나만의 시간표 흥미

요일 / 교시	월	화	수	목	금
1					
2					
3					
4					
5					
6					
7					

- 가장 많은 과목은? (   ), (   )개
- 가장 적은 과목은? (   ), (   )개
- 사라진 과목은? (   ), (   )개

☆ 나의 흥미와 가장 잘 어울리는 직업은? (   )

☆ 위 직업의 주요 활동은? (   )

숨은 재능 찾기 적성

번호	이것만큼은 내가 최고! 👍	순위
1		
2		
3		

예: 누우면 바로 잠들기, 줄넘기(그중에서도 2단 뛰기), 손톱 예쁘게 깎기, 암기력, 노래, 관종짓, 컴퓨터 및 부품 조립, 그림 그리기, 3초 안에 앞사람 웃기기, 빨리 울기, 암산, 성대모사 및 흉내 내기, 게임(그중에서도 팀킬), 공감 및 경청, 숨 오래 참기, 화장하기 등

↓

순위	이것만큼은 내가 최고! 👍	재능 강점화
1	→	
2	→	
3	→	

☆ 나의 적성과 가장 잘 어울리는 직업은? (   )

☆ 위 직업의 주요 활동은? (   )

직업 가치관 월드컵 STEP 1

용기	성장	재미	도전	과정	연대	창조	책임	성공	공정
정의	배움	결과	나눔	소신	소박	완벽	독립	주도	감사
능력	봉사	관계	평화	이해	효율	절약	의리	성실	기여
예의	진리	여유	변화	혁신	대담	유능	양심	포용	능숙
안정	평등	명성	존중	가족	신앙	돈	몰입	의미	자신감
업적	평범	사랑	자유	모험	공존	낙관	인정	유쾌	지혜
근면	진취	기쁨	목표	성취	다양성	양보	겸손	인기	통찰
자아	배려	자극	평화	만족	건강	야심	지식	도덕	체험
권력	긍정	우정	경쟁	영향력	협동	관습	온화	행동	감정적
호기심	중용	사물	보람	열정	명예	유연	신뢰	쾌락	꿈
아름다움	창의	관용	애국	실용	자율	친구	계획	윤리	전통
이성적	일	자비	미래	행복	경험	이타심	침착	위대함	현실

직업 가치관 월드컵 STEP 2

번호	가치	정의
1		
2		
3		
4		
5		
6		
7		
8		

직업 가치관 월드컵 STEP 3 | 가치

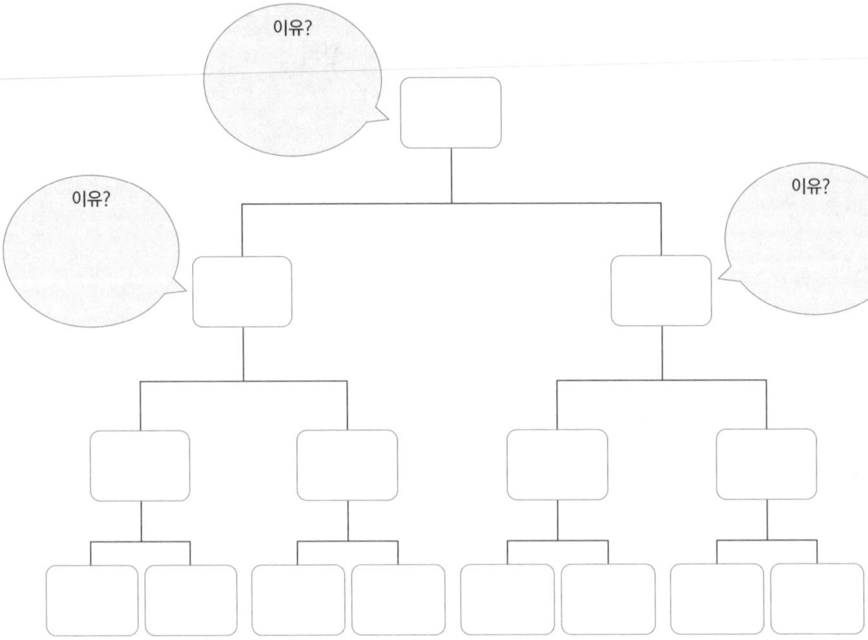

가치 목록	선택한 가치와 어울리는 직업은?
1순위(　　　　　)	
2순위(　　　　　)	
3순위(　　　　　)	

☆ 나의 가치와 가장 잘 어울리는 직업은? (　　　　　　　　　　　　　　　　　)

☆ 위 직업의 주요 활동은? (　　　　　　　　　　　　　　　　　　　　　)

이름 모를 잡초(Job Choice) 추천

( ) 이름:

이름:	이름:	이름:	이름:
이름:	이름:	이름:	이름:
이름:	이름:	이름:	이름:
이름:	이름:	이름:	이름:

👍
👎

☆ 내가 **가장** 원하는 직업은? ( )

☆ 위 직업의 주요 활동은? ( )

진로 결정 깔때기 STEP 1 결정

1. 직업, 성격, 흥미, 적성, 가치, 추천의 6가지 파트 활동을 통해 추린 직업(☆)을 아래 표에 적어 봅시다.

직업		성격	
흥미		적성	
가치		추천	

2. 6개 중 3개를 추려 아래 표의 직업 1, 2, 3 칸에 적어 봅시다.

순번	고려항목	배점	직업 1 (　　)	직업 2 (　　)	직업 3 (　　)
1	나의 관심을 끄는가				
2	성격에 맞게 할 수 있는 일인가				
3	좋아하는 일인가				
4	잘할 수 있는 일인가				
5	중요하게 생각하는 일인가				
6	직업 가치에 부합하는가				
7	가족의 기대와 맞는가				
8	현실적으로 가능한가				
9	자신감과 확신이 있는가				
10	기타(　　　　　　　　)				
합계		100			
일단! 최종 결정 직업					

진로 결정 깔때기 STEP 2 결정

1. 직업, 성격, 흥미, 적성, 가치, 추천의 6가지 파트 활동을 통해 추린 주요 활동을 아래 표에 적어 봅시다.

직업		성격	
흥미		적성	
가치		추천	

2. 6개 중 3개를 추려 아래 표의 주요 활동 1, 2, 3 칸에 적어 봅시다.

순번	고려항목	배점	주요 활동 1 (　　)	주요 활동 2 (　　)	주요 활동 3 (　　)
1	나의 관심을 끄는가				
2	성격에 맞게 할 수 있는 일인가				
3	좋아하는 일인가				
4	잘할 수 있는 일인가				
5	중요하게 생각하는 일인가				
6	직업 가치에 부합하는가				
7	가족의 기대와 맞는가				
8	현실적으로 가능한가				
9	자신감과 확신이 있는가				
10	기타(　　　　　　　　　　)				
합계		100			
일단! 최종 결정 주요 활동					

진로 결정 깔때기 STEP 3 결정

STEP 1 직업		일치 여부	일치	불일치
STEP 2 주요 활동				

↓

다음은?	꿈은?
	이유는?

뭣이 중헌디? 계획

1. 아래의 칸에 최근 1년 동안 했던 모든 일을 단어로 기록해 봅시다.

2. 위에 적은 단어들을 아래의 표에 맞게 분류하여 채워 봅시다.

중요 ○, 급함 ○	중요 ×, 급함 ○
중요 ○, 급함 ×	**중요 ×, 급함 ×**

미래 이력서 계획

지원회사	
지원분야	

	성명			
	주소			
	전화번호		E-mail	
	취미		특기	

학력	일자	학교명	전공명(계열)
	~	중학교	
	~	고등학교	
	~	대학교	

경력사항	근무기간	기관명	직위	담당업무
	~			
	~			
	~			

자격증	종류	기관명	취득일자

수상 & 봉사	종류	기관명	취득일자

지원동기	

Big Picture | 계획

시간일기 2 계획

	월	화	수	목	금	토	일
00:00							
01:00							
02:00							
03:00							
04:00							
05:00							
06:00							
07:00							
08:00							
09:00							
10:00							
11:00							
12:00							
13:00							
14:00							
15:00							
16:00							
17:00							
18:00							
19:00							
20:00							
21:00							
22:00							
23:00							

예) 취침: ZZ / 학교: ▲ / 학원: ☆ / 색으로 구분해도 좋아요

미래의 나에게 온 편지

계획

뻔뻔학애 부록

<부록 1> 직업분류

유형	관련 직업
R (성실이)	건설기계 운전원, 건축가, 경찰관, 귀금속 세공원, 금형 및 공작기계 조작원, 비파괴검사원, 소방관, 운동선수, 운송장비 정비원, 작물재배종사자, 전기 및 전자기기 설치수리원, 전자공학기술자, 제과제빵사, 조경기술자, 조리사, 철도 및 지하철 기관사, 토목공학기술자, 항공기 조종사, 항해사, 동물사육사, 항공기 조종사, 컴퓨터 기술자, 군인, 버스운전사, 교도관, 택배원, 측량사
I (궁금이)	대학교수, 생명과학 연구원, 수의사, 시스템소프트웨어 개발자, 식품공학 기술자, 약사, 웹 전문가, 응용소프트웨어 개발자, 의사, 조사 전문가, 정보보안 전문가, 통신공학기술자, 한의사, 화학공학 기술자, 환경공학 기술자, 과학자, 생물학자, 물리학자, 게임프로그래머, 연구원, 임상심리사, 도시계획가, 조선공학 기술자, 역사학 연구원, 조향사, 영양사
A (끼쟁이)	가수, 만화영화 작가, 메이크업아티스트, 무용가, 미술가, 배우, 모델, 실내장식 디자이너, 웹 및 미디어 디자이너, 음악가, 작가, 캐드원, 큐레이터, 패션디자이너, 행사 기획자, 소설가, 시각디자이너, 컴퓨터 그래픽 디자이너, 예체능교사, 사진작가, 기자, 출판물 편집자, 제품디자이너, 영상편집 기사, 방송작가
S (수다쟁이)	간병인, 간호사, 노무사, 사회복지사, 상담 전문가, 유치원교사, 미용사, 임상병리사, 장례지도사, 중학교 교사, 직업상담사, 초등학교 교사, 특수학교 교사, 피부미용사, 승무원, 종교지도자, 언어치료사, 헤어디자이너, 반려동물 미용사, 재활치료사, 미술치료사, 놀이치료사, 여행가이드, 응급구조사, 물리치료사, 방사선치료사, 보호관찰관
E (나서기)	감독, 연출자, 경영컨설턴트, 광고 및 홍보전문가, 기자, 변호사, 보험영업원, 부동산중개인, 경매사, 상품 판매원, 아나운서, 여행 서비스 관련 종사자, 매니저, 텔레마케터, 통역사, 정치가, 판사, 영업사원, 보험회사원, 검사, 군장교, 자동차 딜러, 경호원, 바리스타, 안경사, 소믈리에, 사이버수사요원, 선장, 외교관
C (꼼꼼이)	경영지원 사무원, 보험 사무원, 법무사, 변리사, 비서, 사서, 세무사, 손해사정사, 회계사, 회계 및 경리 사무원, 은행원, 행정공무원, 안전관리사, 감사원, 의무기록사, 우편물 집배원, 출입국심사관, 항공권 발권 사무원, 게임 딜러, 전화번호 안내원, 보석감정사, 통계학 연구원

출처: 김봉환(2013).

<부록 2> 강점 목록

종류	설명	종류	설명
창의성	새로운 아이디어를 가지고 아무도 시도하지 않는 것을 시도하며 새로운 것을 발견하는 능력	시민정신	자신이 속한 집단의 이익을 추구하고자 하는 책임의식
호기심	일어나고 있는 모든 경험과 현상에 대해 흥미를 느끼는 능력	공정성	모든 사람을 동등하게 대하고 모두에게 공평한 기회를 주는 태도
학구열	배우고자 하는 열망이 강하고 새로운 지식을 습득하려고 노력하는 태도	리더십	집단활동을 잘 관리하고 이끄는 능력
개방성	사물, 현상을 다양한 측면에서 철저하게 생각하고 검토하는 능력	의사전달	자신의 생각이나 감정을 상대방이 쉽게 이해하도록 전달하는 태도
지혜	사물, 현상을 전체적인 관점에서 생각하고 다른 사람에게 현명한 조언을 제공해 주는 능력	용서	잘못을 행한 자를 용서하고 사람들에게 다시 기회를 주며 앙심을 품지 않는 것을 포함한 능력
진실성	진실을 말하고 자신을 진실한 방식으로 제시하는 능력	겸손	불필요하게 과장된 허세를 부리지 않는 태도
용기	위협, 도전, 난관, 고통으로 위축되지 않고 극복하는 능력	신중함	모든 순간을 깊이 있게 생각한 후 행동하는 태도
끈기	시작한 일을 마무리하여 완성하는 능력	자기조절	자신의 다양한 감정, 욕구, 행동을 적절하게 잘 조절하는 능력
열정	활기와 에너지를 가지고 열정적으로 삶과 일에 임하는 태도	예술성	미적 재능이 있고, 음악, 연구 등 다양한 예술 활동에서 보이는 능력
친절	타인을 위해서 호의를 보이고 선한 행동을 하려는 동기와 실천력	감사	좋은 일을 알아차리고 그에 대해 감사하는 태도
사랑	다른 사람과의 친밀한 관계를 소중하게 여기고 실천하는 능력	유머	재미있는 분위기를 공유함으로써 밝은 면을 볼 수 있게 하는 능력
대인관계	자신과 타인의 동기와 감정을 잘 파악하고, 다양한 사회적 상황에서의 적절한 행동을 잘 아는 능력	정직	거짓말을 하지 않는 편으로 주변인들에게 신임을 얻는 능력
신체활동	남들보다 쉽게 운동이나 신체활동을 잘 습득하는 능력	긍정	낙천적인 시각을 가지고 이를 성취하기 위해 노력하는 태도
규칙준수	원칙을 철저히 지키고 정해진 규칙을 중시하는 태도	승부욕	다른 사람들과 비교하여 스스로의 업적이나 능력에 대하여 평가하고 경쟁에서 이기는 것을 중요하게 여기는 태도

출처: 김기년(2012).

<부록 3> Big Picture(예시)

한국사	영어	행정법 총론	악력	배근력	앉아 윗몸 앞으로 굽히기	정리 정돈	쓰레기 줍기	시간 낭비 하지 않기
소방학 개론	필기 시험	소방 관계 법규	제자리 멀리 뛰기	체력 관리	윗몸 일으키기	신중한 선택	운	주변 사람 챙기기
인강 듣기	1일 3시간 책상		왕복 오래 달리기	스트레칭	1일 30분 달리기	사소한 것에도 감사하기		
1달 1회 모의고사	오답 노트	기출 문제	필기 시험	체력 관리	운	1종 운전 면허증	건강한 음식 먹기	스트레스 관리
70점 이상	모의 고사	예습 30분	모의 고사	소방관	자기 관리	야식 금지	자기 관리	적극적 참여
복습 30분			진학	자격증		규칙적 수면	긍정적 마인드	바르고 정직한 자세
소방 관련 학과 졸업	학점 관리 A- 이상	토익 700	소방 관련 국가 자격증	소방 시설 관리사	컴퓨터 활용능력 1급			
한국사 능력검정 시험	진학		응급 구조사 1급	자격증	간호사			
			소방 안전 교육사					

<부록 4> 진로 로드맵

중졸 — 중학교

고입	일반고		특목고				특성화고		자율고	
	문과	이과	외고	과학고	예술고	마이스터고	공업고	상업고	자율형 사립고	자율형 공립고

고졸 — 대학 / 취업

대입	인문계열	사회계열	교육계열	공학계열	자연계열	의약계열	예체능 계열
	국문학과	경영학과	교육학과	건축학과	농업학	의학과	시각디자인학과
	영문학과	광고홍보학과	유아교육학과	기계공학과	수산학	한의학과	애니메이션학과
	심리학과	관광경영학과	특수교육학과	전자공학과	생명공학	간호학과	뷰티미용학과
	사학과	법학과	언어치료학과	컴퓨터공학과	식품영양학과	약학과	체육학과
	문헌정보학과	신문방송학과	초등교육학과	항공우주공학과	의류학과	재활학과	실용음악과
	문예창작과	행정학과		자동차공학과	통계학과	물리치료학과	미술학과
		군사학과		정보통신학과	물리학과	방사선학과	연극영화학과

대졸 — 대학원 / 취업

김기년(2012). 청소년용 강점검사 개발과 타당화. 광운대학교 교육대학원 석사학위논문.

김봉환(2013). 진로진학 상담을 위한 직업카드: 청소년용. 학지사심리검사연구소.

안경일, 김재현(2002). 스포츠여가활동과 청소년의 자아정체성과의 관계. 한국학교체육학회, 12(2), 61-73.

여성가족부(2018). 청소년백서.

전국재, 우영숙(2006). 놀이로 하는 집단상담. 시그마프레스.

조남억(2008). 청소년 집단활동 참여와 사회적 자본의 형성 가능성에 대한 이론적 고찰. 미래청소년학회, 5(3), 177-198.

통계청(2018). 청소년통계.

Gallahue, D. L. (1982). *Understanding motor development in children*. John Wiley & Sons, Inc.

저자 소개

채선기(Chae Seonki)

성균관대학교 교육학과 교육학전공 석사
한남대학교 상담학과 상담전공 석사
성균관대학교 교육학과 교육철학전공 박사 수료
한국상담대학원대학교 상담학과 아동청소년상담전공 박사
현 한국다움상담연구소 소장
수원대학교 교육대학원 상담교육과 특임교수
춘천교육대학교 객원교수
한국여성심리학회 이사 및 자격관리위원장

마음활동 집단상담 프로그램
-어울림, 뻔뻔학애-
Maumhwaldong Group Counseling Program

2023년 8월 1일 1판 1쇄 인쇄
2023년 8월 10일 1판 1쇄 발행

지은이 • 채선기
펴낸이 • 김진환
펴낸곳 • (주) 학지사
04031 서울특별시 마포구 양화로 15길 20 마인드월드빌딩
대 표 전 화 • 02)330-5114 팩스 • 02)324-2345
등 록 번 호 • 제313-2006-000265호

홈 페 이 지 • http://www.hakjisa.co.kr
인스타그램 • https://www.instagram.com/hakjisabook

ISBN 978-89-997-2937-9 93180

정가 16,000원